JN194225

発達が気になる子どもの

親子ふれあい遊び

尾崎康子 ⋮ 監修・編著　東都ガーボル
藤川志つ子 ⋮ 著
和田美奈子

ミネルヴァ書房

はじめに

子どもにとって遊びはとても重要な活動です。特に，幼児期では，遊ぶことは子どもの成長や発達に欠かせません。遊ぶことによって，身体発達，運動発達，認知発達そして情動発達が促されていきます。

このように幼児の発達にとって大変重要な遊びですが，親子で遊ばなくても，子どもには好きなよう遊ばせておけばよいと思っていませんか。また，親子で遊ぶよりも友だちと遊ぶ方が子どもにとっては社会性を身につけるためにはよいと思っていませんか。多くの親は，子どもに早く友達と遊ばせたいと思っているようです。

実は，幼児期に親子で遊ぶことは，子どもに良い影響を与えることがわかっています。特に，発達が気になる子どもの場合，友だちと遊ぶことはもっと後で構いません。まずは，親が子どもと一緒に遊んでみましょう。

しかし，親だからといってすぐに子どもと楽しく遊べるとは限りません。発達が気になる子どもは，人への関心が薄く，また人との関わりが難しいことが多いです。それは，親に対しても同じで，親ともうまく関われないことを表しています。そのため，親が遊ぼうと働きかけても子どもはそれに応じない，あるいは子どもは一人遊びを続けるだけで親が一緒に遊ぼうとすると嫌がることがあります。つまり親でも子どもと上手く遊べない状況になっていることがよく見られます。

このような状況になると，親も子どもと遊ぶのをあきらめてしまい，その結果子どもは一人遊びばかりするという悪循環になってしまいます。でも，あきらめないでください。人との関わりが難しい子どもでもちょっと工夫すると親と遊べるようになります。親子で遊べるように工夫したのが，本書で紹介する親子ふれあい遊びです。

是非，今から親子ふれあい遊びをしてみてください!!

目 次

はじめに

第1章　親子ふれあい遊び

Ｉ　人や物に関心をもつ遊び

ＩＩ　人と関わる遊び

III　やりとりする遊び

IV　イメージや言葉を育てる遊び

V　感覚や運動を育てる遊び

第2章　グループで行う親子ふれあい遊び

VI　人や物に関心をもつ遊び

VII　関わりややりとりを楽しむ遊び

Ⅷ　イメージや会話を楽しむ遊び

親子ふれあい遊びとは

　親子ふれあい遊びとは，人との関わりが苦手な子どもが親と一緒に楽しく遊べるように工夫された親子遊びです。親子ふれあい遊びをたくさんすることによって，社会的コミュニケーション発達が促されます。社会的コミュニケーションが十分にできるようになれば，象徴機能，言葉，社会性などの発達へとつながっていきます。

　親子ふれあい遊びでは，以下の4項目の頭文字をつなげた「ふ・れ・あ・い」方略を念頭において遊びます。

1. ふれあって気持ちをあわせる

　親子でふれあい遊びをしているとき，子どもの楽しい気持ちに親の気持ちを合わせていきます。このとき，親子で楽しい気持ちを共有することができます。

2. れんぞくして何度も繰り返す

　親子ふれあい遊びでは，決まった動作や言葉を何度も繰り返します。それにより，子どもは遊びを理解し，自分がすべきこと，言うべきことがわかっていきます。

3. あなたは子どもとやりとりをする

　親子ふれあい遊びには，子どもと親が相互作用を生じるやりとりがたくさん含まれています。親は，やりとりができる機会を意図的に設定し，子どもにやりとりをたくさん経験させていきます。

4. いっしょに楽しく遊ぶ

　親子ふれあい遊びで重要なことは，親と子どもが一緒に楽しく遊ぶことです。楽しくなければ子どもに身につかず，長続きしません。そして，子どもが一人で遊ぶより親と一緒に遊ぶ方が楽しいことだとわかることが何より大切です。

親子ふれあい遊びで親子の関わりややりとりが無理なくできる理由

　親子ふれあい遊びは，「人との関わり」「気持ちの共有」「共同注意」*を習得するのにとても適しています。もちろん日常生活でも習得できますが，親子ふれあい遊びでは，以下の理由から無理なくできるのでお勧めです。

> 親子ふれあい遊びで関わりややりとりが無理なくできる理由
> ➤ 遊びのやり方や手順が決まっていて，次に何をすればいいかがわかる。
> ➤ 同じ動作，発声，言葉が繰り返される。
> ➤ そのため，遊びのどの時点で，どのような応答をすればいいかがわかるので，やりとりが生じやすい。
> ➤ 子どもの好きな行動や感覚が含まれている。
> ➤ 子どもは遊ぶことによって，楽しい，嬉しいなどのポジティブな感情が高まるので，親子で感情を共有しやすい。
> ➤ これらのことから，遊びやそこで生じるやりとりを長く続けることができる。

＊共同注意とは
- 共同注意とは，子どもと他者が同じ物を見て，注意や関心を共有することです。
- 共同注意ができると，手渡し行動，提示行動，指さし，社会的参照もできるようになります。

発達段階ごとの親子ふれあい遊び

　親子ふれあい遊びでは，人との関わりの発達段階を4つに分け，その段階の子どもにふさわしい遊びが示されています。以下の4つの段階は，1段階が一番人への関わりができない段階，2段階が人への関わりが少しできるようになった段階，3段階が人への関わりが双方向的になりやりとりができるようになった段階，4段階は人とのやりとりができて言葉が少しでてきた段階です。子どもの発達段階に応じた親子ふれあい遊びをたくさん体験することによって，子どもは次の段階へと進んでいくことでしょう。

1. 人との関わりが苦手な段階

　この段階の子どもは，人と関わることに困難をもっています。また，人への関心もほとんど示しません。そのため一人遊びを好み人と関わって遊ぶことがありません。

2. 人と少し関われる段階

　この段階の子どもは，人と少し関われるようになっています。そこで，親の手を引っ張れば，親に要求できることを理解し始めています。すなわち，自分が行動することで親に何かを伝えることができることを理解し始めているのです

3. 人とのやりとりができる段階

　この段階の子どもは，人とやりとりができます。親に好きな物を要求したり，遊びを続けたいことを知らせるために，身ぶり，発声，言葉を使います。「共同注意」ができるのもこの段階です。

4. 言葉が少し話せる段階

　この段階の子どもは，人とのやりとりができ，それに言葉を添えて話すようになります。

本書の構成

本書の構成を下表に示します。第１章は，親子で個別に行う遊びです。第２章は，親子が複数集まってグループで行う遊びです。

第１章では，人への関わりが苦手な段階の遊びからやりとりができて言葉が話せる段階の遊びへと順に掲載しています。下表には対象の段階の子どもが書かれています。ただし，「Ｖ　感覚や運動を育てる遊び」は，それぞれの子どもの感覚運動発達に合わせて遊びます。第２章では，第１章と同様に段階順に掲載していますが，対象の子どもの発達の幅は広く設定されています。

それぞれの遊びの対象は一応書かれていますが，子どもが遊びたければ，対象と違ってもどんどん親子で遊んでください。

第１章　親子ふれあい遊び　『　』は対象の子ども	
Ⅰ　人や物に関心をもつ遊び	『人との関わりが苦手な子ども』
Ⅱ　人と関わる遊び	『人と少し関われる子ども』
Ⅲ　やりとりする遊び	『人とのやりとりができる子ども』
Ⅳ　イメージや言葉を育てる遊び	『言葉が少し話せる子ども』
Ⅴ　感覚や運動を育てる遊び	子どもの感覚運動発達に合わせる
第２章　グループで行う親子ふれあい遊び　『　』は対象の子ども	
Ⅵ　人や物に関心をもつ遊び	『人との関わりが苦手な子ども』 『人と少し関われる子ども』
Ⅶ　関わりややりとりを楽しむ遊び	『人と少し関われる子ども』 『人とのやりとりができる子ども』
Ⅷ　イメージや会話を楽しむ遊び	『人とのやりとりができる子ども』 『言葉が少し話せる子ども』

参考になる本

親子ふれあい遊びについて詳しく知りたい方は、『社会的コミュニケーション発達が気になる子の育て方がわかる　ふれあいペアレントプログラム』（ミネルヴァ書房）をご覧ください。これを読むと、親子ふれあい遊びに関する背景理論がわかります。また、ここにも親子ふれあい遊びについて書かれています。

ふれあいペアレントプログラムで分類されている4つの社会的コミュニケーション段階は、本書の4段階と対応しています。

	社会的コミュニケーション段階	本書の段階
1	芽ばえ段階	人との関わりが苦手な段階
2	リクエスト段階	人と少し関われる段階
3	早期コミュニケーション段階	人とのやりとりができる段階
4	コミュニケーション段階	言葉が少し話せる段階

第1章 親子ふれあい遊び

- 親と子で遊びます。

  「親」とは，母親，父親，その他養育者の総称と考えてください。

- やさしい遊びから順に掲載されています。それぞれの遊びに対象となる子どもが書かれていますので，自分の子どもに合った遊びをするといいです。

- もちろん，子どもが遊びたければ，どの遊びでもかまいません。

I　人や物に関心をもつ遊び

- 人との関わりが苦手な段階の子どもを対象にした遊びです。
- この段階の子どもは，人と関わらず，一人遊びをしていることが多いです。
- しかし，一人遊びばかりしていると，人と関わる機会がますます少なくなってしまいます。
- そこで，少しでも子どもと関わりがもてるように親の方から関わって遊んでいきましょう。
- 子どもは，親と遊ぶことを嫌がっているのではなく，遊び方がわからないだけです。ここに書かれている親子ふれあい遊びを重ねていけば，やがて子どもは親と遊ぶことが楽しいと感じるようになることでしょう。

1-1 子どもの世界に入って真似してみよう

✤ 『人との関わりが苦手な子ども』におすすめ

✤ 親と一緒に遊べない子どもと遊ぶには，まず，親が子どもの世界に入って遊ぶことから始めましょう。

最初は，子どもの近くに座って，子どもが遊んでいる様子を観察します。

子どもが自分の世界に入って遊んでいるとき，子どもにそっと近寄ります。

様子がわかったら，子どもの真似をして遊んでみましょう。

❶ 子どもの様子をよく見よう！

- 子どもが夢中になって遊んでいる近くに，そっと座ります。
- はじめは子どものやや斜め後ろ方向に座って子どもの遊びの様子を観察します。
- 観察のポイントは，子どもの視線を追いながら，子どもの目線に立って観察することです。

❷ 子どもの世界に入ろう！

- 観察が終わったら，子どもの気持ちになりきって，子どもの世界に入れてもらいましょう。

❸ 子どもの真似をする

- さぁ，子どもと同じように真似しながら遊んでみましょう。
- 親が横で一緒に遊ぶことを子どもが嫌がらなければ，そして，子どもが親の方を少しでも見てくれたら成功です。

楽しくあそぶポイント

- 観察のポイントは「この子はどんな気持ちで遊んでいるのだろう？」「おもちゃのどの部分に注目しているのかしら？」という視点で見ることです。
- 親の「もっと，こんなふうに遊んだらおもしろいのに…」という気持ちが先だっても，親の遊びに誘うのではなく，あくまでも子どもの遊びの世界に入れてもらうという立場で真似してみます。
- 子どもが寝そべっているときは，親も同じ姿勢をとり，同じ目線で遊ぶと子どもの気持ちになりきることができます。今まで気づかなかった遊び方や，その楽しみ方が共有できるいい機会となります。
- 子どもがしている遊びを共感的に捉えることができれば，子どもに対する言葉がけも変わってくるかもしれません。

I-2 子どもの世界に入って遊んでみよう

❖ 『人との関わりが苦手な子ども』におすすめ

❖ 親と一緒に遊べない子どもと遊ぶには，子どもに合わせながら，親の方から働きかけてみましょう

❶ 子どもの世界に入ってみよう！
子どもの横に座って，よく観察します。様子がわかったら，子どもの世界に入って，その遊びの世界を共有します。

❷ 子どもの真似をする
子どもの前で，子どもと同じものを作ってみます。子どもがそれを見てくれたら成功です。

❸ 積み木をそっと取ってみる

- 親が子どもの世界に入って，少し一緒に遊べるようになったら，子どもが積んでいる積み木の1つをそっと取ってみます。
- 子どもが気づき，その積み木を取り返そうとしたら，「はい，どうぞ」と言いながら手渡しします。親の顔や表情を見たら，視線を合わせます。

楽しくあそぶポイント

- 子どもと同じように遊び，同じものを作ってみます。子どもは，自分の真似をする人に注目することがあります。自分に関心をもってくれていると子どもは感じるでしょう。
- 子どもの積み木の1つをそっと取ってみると，たいていの子どもは気づきます。最初は子どもの視線がおもちゃのみに向いている場合が多いですが，そのうちそれを取り上げる親の顔や表情を見る瞬間があります。ここで，視線が合えばラッキーです。
- 繰り返し，繰り返しこの経験を重ねていきましょう。

I-3 子どもの気持ちをイメージしてみよう

❶ 電車で遊んでいる気持ちを感じる

- 「車輪の動きを見ているな」と思ったら，親も同じことを体験してみましょう。すると子どもの気持ちがわかるような気がします。
- 「車輪が回るのをじっと見るのって，不思議で楽しいものだな」と感じたら，子どもに思っている気持ちを伝えてみましょう。

電車の車輪を
くるくる

子どもが何に興味を
もっているのか，子
どもの気持ちになっ
てみよう！ いつも
と違う姿が見えてく
るかもしれません。

タイヤが回るのを
見るのって意外と
面白いかも。

❷ 積み木をきれいに並べている気持ちを感じる

- 「きれいに並べるって意外と気持ちいいものだなぁ」と感じたら，それを子どもに伝えてみましょう。

楽しくあそぶポイント

- 子どもと同じ目線に立つといつもと違う世界が見えてくるかもしれません。子どもの独特の遊び方に対して冷静に観察してみると，子どもの気持ちがわかるような気がします。

- おもちゃ本来の遊び方でなくても気にする必要はありません。どのような遊び方であっても，子どもにとっては楽しい遊びです。例えば，電車であれば車輪の回転だけを見ているかもしれません。床に寝そべって車輪の回転に気持ちを同期させているときの気持ちを親も味わってみてください。新な世界が見え，今まで考えてもみなかった気持ちや感情を子どもから教わる機会になるかもしれません。

I-4 服の中におもちゃを入れて遊ぶ

❖ 『人との関わりが苦手な子ども』におすすめ

❖ 子どもが一人の世界で遊んでいるときに，子どもが嫌がらない程度にちょっとだけじゃまして，親に関心をもたせましょう。

❶ おもちゃをどこに入れるか考える

どこに入れようかしら…

> おもちゃは，服の中に入れて違和感を感じる程度の大きさを選びます。小さすぎると気づかないことがあります。

❷ 服の中におもちゃを入れる

??

- 最初は子どものお腹や胸のあたりにおもちゃを入れてみます。
- 子どもが「あれ？」と気づいたら，「なんだろうねー」と声かけをして一緒に関心をもったふりをします。

❸ おもちゃが落ちる

- 落ちると子どもは面白がったり，繰り返しやってほしいとジェスチャーや言語で伝えてきます。

❹ 繰り返す

- 子どもが喜んでいたら繰り返し楽しみます。

楽しくあそぶポイント

- ⬤ 最初は子どもが気づける場所や自分で取り出せる場所におもちゃを入れます。喜ぶ子どもは一緒に「あれ，これ，なあに？」など言葉がけをして一緒に面白がってみましょう。

- ⬤ 親の服の中にも入れてみましょう。入れる瞬間がわかるように入れて，子どもが関心を示すかどうか観察してみましょう。嫌がらない子どもであれば，背中など自分で取り出せない場所に入れると「取ってほしい」の要求につながります。

- ⬤ 子どもによって喜ぶ子もいれば，嫌がる子どももいます。個人差がありますので，子どもの様子を見ながら，子どもが嫌がらない程度に行動を調整しつつ遊んでみましょう。

Ⅰ-5　まねっこ遊び

❖　『人との関わりが苦手な子ども』におすすめ

❖　親に関心を向けない子どもには，親の方から子どもに寄り添って，子どもの行動を親が真似してみましょう。子どもの遊びを親がまねっこすることで，親への関心が芽生えるかもしれません。

❶　子どもの近くに寄り添う

子どもが一人の世界で遊んでいる近くに寄り添います。

子どもの好きなメロディや歌を歌ってみてもいいでしょう。楽しい雰囲気で落ち着ける空間を作ります。

❷　視線を合わせる

- 横に座ったり，斜め前に座ったりして，子どもの視界に入りながら，そっと子どもと視線を合わせてみます。
- 子どもと目が合ったら，親は嬉しい気持ちを表わしていきましょう。

❸ 同じおもちゃを見る

- 子どもがおもちゃを見ていたら，それを真似して一緒に見ます。
- 子どもと同じ対象のおもちゃに視線を向けて遊ぶことができます。

❹ 子どもの遊びを真似する

さらに親は，子どもがおもちゃで遊んでいるのを真似して遊びます。

楽しくあそぶポイント

- 親は，まねっこに徹してみましょう！
- 子どもが一人の世界で遊んでいたら，そっと見守りながら子どもの真似をしましょう。こともが親の真似をすることを「模倣」といい，親が子どもの真似をすることを「逆模倣」といいます。シンプルな遊びですが，子どもは自分の興味や関心のあることや遊びに親が共感してくれたと感じ，うれしい気持ちになります。
- 視線を合わせるときは，真正面からしっかりと合わせると怖がる子どももいます。横並び程度の距離感で時々視界に入る程度の位置が好ましいです。目が合ってもあまり刺激になるような声をかけない方がいいでしょう。

1-6 表情のまねっこ

❖ 『人との関わりが苦手な子ども』におすすめ

❖ 人との関わりが苦手な子どもは，真似をするのも苦手です。そこで，親が子どもの真似をしてみましょう（これを逆模倣という）。親に少し関心を向けるかもしれません。

❶ 向かい合って座る

● 見つめ合える距離に親子で向き合って座ります。

> 親の前に子どもを座らせても，膝の上に抱っこした状態でもどちらでもいいです。あるいは立ったまま，手をつないで向き合ってもいいです。

❷ 子どもの表情を真似る

● 子どもと全く同じ声や表情をしてみます。

● 子どもにわかりやすくするために，オーバーに楽しく逆模倣してみましょう。

❸ 鏡で自分の顔をみる

- 子どもがいろんな表情をしているときに，鏡を出して自分の顔を見ることができるようにしてみます。

❹ 繰り返し遊ぶ

親は「いっしょだね」と声かけして繰り返し遊びます。

楽しくあそぶポイント

- スキンシップをとりながら，情動共有ができる遊びですが，親と気持ちの共有ができない子どもには，親の方から子どもに気持ちを合わせていきましょう。
- 子どもと同じ表情をするときは，子どもにわかりやすく少しオーバーに楽しく逆模倣をしてみます。
- 子どもが鏡に顔を映し，途中で親と役割交替してみましょう。親も鏡をみながら面白い表情をして子どもと一緒に「ほっぺがふくれてるね」「おめめが猫さんみたいだね」と子どもの知っている言葉を使いながらコミュニケーションをとっていきましょう。
- 少し大きな子どもにはイラストで表情を描いてあげると喜びます。

Ⅰ-7 パラシュート遊び

❖ 『人との関わりが苦手な子ども』におすすめ

❖ 人との関わりが苦手な子どもは一人遊びをしていることが多いです。一人遊びよりも親に遊んでもらうと楽しいことを体験させていきましょう。

大きなタオルでも代用可能です。

子どもをシーツの上に乗せて，右回り，左回りと回したり，上に下に方向を変えて揺らしてみます。

❶ 子どもはシーツに寝転ぶ

● シーツの上に寝転ぶように誘います。親がシーツの端をしっかり握ります。

❷ 親がシーツを上下，左右に揺らす

● 最初は低い位置でそっと揺らします。慣れてくれば高い位置まで持ち上げて揺らします。

● 子どもを乗せたまま親が右回り，左回りと回転します。

❸ 最後に子どもを包み込む

最後はそっと床に下ろし，巾着袋のようにして子どもを包み込みます。

楽しくあそぶポイント

● 高さを変える，揺らすスピードを変える，上→下，下→上の高低差をつけるなどして楽しみます。子どもの好きな揺らし方を探っていきます。

● 親の「はやいのがいい？」「ゆっくりがいい？」などの問いかけに応えたり，要求を発信したりするよい機会になりますので，コミュニケーションをとりながら楽しんでいくのがポイントです。

● 子どもが怖がるときは，シーツを開いて持つのではなく，子どもを囲むように持つと安定します。また，ゆっくり慣らしていくと子どもが揺れに同期できるようになります。それでも揺れるのが苦手な子どもには無理にやらないようにします。

● シーツを動かすときは必ず声かけをします。「上にあげるよ」「床にドンするよ」「回るよ」など次の動きを予告すると子どもは安心します。

Ⅱ　人と関わる遊び

- 人と少し関われる段階の子どもを対象にした遊びです。
- 人と少し関われるようになると，親子で関わりながら遊ぶことができるようになります。
- しかし，まだ一方向的な関わりであり，双方向的にやりとりすることはできません。まずは，遊びの中で，たくさん親と関わる体験をしましょう。それを積み重ねることによって，やりとりができるようにしていきます。
- この段階の子どもは，何かを要求することができるようになります。しかし，最初は，要求の対象がお菓子に限られていたりするものです。そこで，遊びの中で多様な要求行動が出せるように設定していきます。

みんなでジャンプ 1

❖ 『人と少し関わりできる子ども』におすすめ

❖ 親と少し関われるようになると，親の働きかけを楽しむようになります。子どもが一人遊びをしているときに，親も一緒に参加してみましょう。

❶ 子どもが一人で遊んでいるとき，親も一緒に参加する

❷　一緒にジャンプする

- 「いっしょだね。ぴょーん」など，楽しい声かけをしながら，一緒にジャンプします。

❸　少し違ったポーズでジャンプをする

- 一緒にジャンプができたら，親は少し違ったポーズでジャンプをしてみます。
- 子どもが親のポーズを真似したら，「いっしょだね」と声をかけます。

楽しくあそぶポイント

- 子どもが一人でジャンプしているときに親も一緒にジャンプすることで，子どもは「あっ，一緒だ！」という気持ちになります。言語化していなくても，自分のしていることを一緒にしてくれる親がいることで，「楽しい」「うれしい」という気持ちが芽生え，人に興味をもったり注目をするようになります。そして，一人の時間も楽しいけれど，親と一緒も楽しいという思いを十分感じていくでしょう。人との関わりや感情の共有を遊びを通して経験していきます。

- 親が少しだけ違ったポーズでジャンプをしてみます。それまで両足でジャンプしていたら，片足でジャンプしてみるなど，子どもの身体能力に合わせたポーズでジャンプをします。子どもが真似ている様子が見られたら（できていなくてもいい），「いっしょだね」と声をかけてあげると「おんなじ！」という気持ちが共有できます。

II-9 みんなでジャンプ 2

✤　『人と少し関わりできる子ども』におすすめ

✤　親と関わりが少しできるようになると，親の働きかけを楽しむようになります。子どもが一人遊びをしているときに，親から子どもの遊びに参加してみましょう。

❶　子どもが一人で遊んでいるとき，親も一緒に参加する

❷ 一緒にジャンプする

- 子どものジャンプを親も真似してやってみます。
- その後，ジャンプしている子どもとスキンシップをとります。

❸ 子どもがあたかもジャンプしているように手を添える

- 親二人が両手を組んで，子どもをその中に入れます。
- 親は，子どもがあたかもジャンプしているように上下に動かします。
- ジャンプできたら，「じょうず，じょうず」などの声をかけます。

❹ 子どもを抱きしめる

- 子どもの動きがひと段落ついたら，親二人で子どもを「ギュー」と抱きしめましょう。

❺ 繰り返し遊ぶ

- 子どもが喜んだら繰り返しやります。
- 「またやってー」という素振りをみせたら，それにちゃんと応じます。

楽しくあそぶポイント

- 子どもが自分の意志でジャンプしているかのように，親が子どもを持ち上げます。子どもはそんなつもりでジャンプしていなくてもいいのです。子どもの動きに親が合わせてあげましょう。

II-10 どうぶつジャンプ

❖ 『人と少し関わりできる子ども』におすすめ

❖ 親と関わりが少しできるようになると，親の働きかけを楽しむように
なります。親から関わっていきましょう。

❶ 子どもを膝の上に乗せる

- 子どもの好きな動物に子どもを見立てて，ストーリーは子どもの馴染みのあるものを考えます。

❷「ぴょーん」と高く上げる

-「〇〇ちゃんウサギがお出かけしまーす」などと言い，「バス停までぴょーん，ぴょーん」と言いながら高く上げます。

❸ ストーリーに沿ってする

● 子どもの馴染みのあるストーリーに沿って，高く上げる。

● 例えば，「バスから降ります。ぴょーん」「お買い物するのでスーパーまで，ぴょーん」「いっぱい買い物しました。帰ります。ぴょーん」「またバスに乗ります。ぴょーん」「お家に着きました。ぴょーん」などとリズミカルに遊びます。

❹ 繰り返し遊ぶ

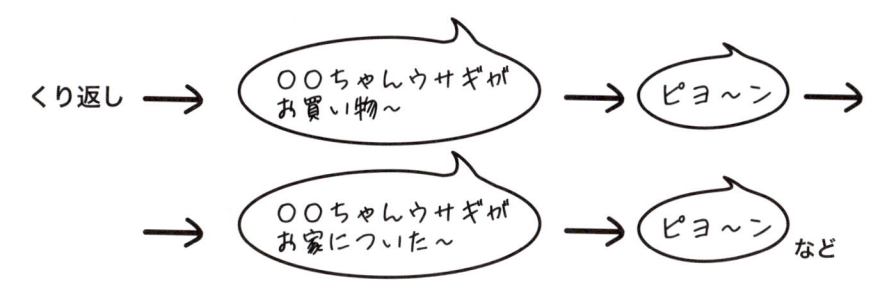

楽しくあそぶポイント

● 子どもの生活の中で馴染みのあるわかりやすいストーリーにするとイメージが湧きやすく楽しめます。その際，ストーリーのパターンを作っておくと親も子どももわかりやすくていいでしょう。パターンを決めたら，動物だけを変えていきます。例えば，ねずみだと「チューチュー」に変えて遊びます。

● この遊びは繰り返し行い，スキンシップをとりながら遊べます。

● 子どもを高く上げるときに，少し大きな子どもには，親は膝を曲げて，少し高い位置から上げるといいです。

Ⅱ-11　後ろ抱っこブランコ

❖　『人と少し関われる子ども』におすすめ

❖　親にやってもらうことによって，自然に親と関わりをもって遊ぶことができ，自分から要求できるようにします。

❶　声かけをする

- 見つめ合える距離に親子で向き合って座ります。立ったまま，手をつないで向き合ってもいいです。

- 「抱っこするよ。いいですか」と声をかけて，背後からしっかり抱えて，子どもの胸の前あたりで手を組みます。最初から急に高く持ち上げないで，子どもの様子を確認しながら徐々に位置を変えていきます。

抱っこするよ〜
いい？行くよ〜

ゆ〜ら
ゆーら
ゆらんこ

❷ 始める

- 「はじめるよ」と声をかけてから横揺らし，前後，上下と高さと方向を変えてブランコします。

❸ おしまい

- 「おろすよ」と床に足をつけてから「おしまい」と終わりを告げます。

❹ もう一回

- 「楽しかったのでまたやってほしい」というような素振りを見せたり，要求行動を示したら，もう一回やってあげます。

楽しくあそぶポイント

- 声かけをするときは，必ず子どもの前に移動して，子どもの視界に入るようにしてから声かけをします。「抱っこするよ」「おろすよ」「ぎゅっとするよ」など，これから何が始まるのか，自分がどうされるのかを伝えることで見通しがもてて，遊びを楽しむ心のゆとりがでます。

- 脇に手を入れ身体を固定して振り子のように揺らすと安定します。方向を変えるときは，「横♪」「前，後ろ♪」「上，下♪」と声を合わせて揺らすと動きの言葉も理解できるようになります。

- 「おしまい」と告げてからも，子どもの「やって」というサインを見逃さないようにしましょう。やってほしいサインを感じたら「やってほしいの？」「もう，1回？」とひとさし指を立ててハンドサインを見せ，子どもが模倣しやすいようにします。できたときは「もう1回だね。じゃ，いくよ」と子どもの要求に応えるということを繰り返します。

Ⅱ-12　お顔にフッー

❖　『人と少し関われる子ども』におすすめ

❖　親と関わりが少しできるようになると，親の働きかけを楽しむように
なります。親から関わっていきましょう。

❶　息をかける

・子どもが親に対して関心
をもち，近寄ってきたら
軽く「フッー」と息をか
けてみましょう。

❷　息をためる

子どもが「キャー！」と喜んでい
たら，ほっぺを膨らませ，息をた
めているところを見せます。子ど
もはわくわく，ドキドキして期待
を込めた表情をしているか観察し
ます。

❸ 役割交替

- 何度か繰り返し遊んだら，「ママにもフッーして」と要求してみます。
- 子どもに「フッー」としてもらったら，少しおおげさに喜びます。

楽しくあそぶポイント

- 子どもと顔の高さを合わせるために，親は床に座ります。息をふきかけるときは，顔面に直接風圧をかけるというよりは，前髪がふわっと浮き上げるようなイメージでふきかけてみましょう。

- 繰り返し，簡単に遊べます（循環遊び）。子どもの要求を引き出すことができます。「もう，1回」の言葉やハンドサイン，ジェスチャーを通して親子のやりとりを楽しみましょう。

- 途中で役割交替をしてみましょう。最初は難しくても，「ママにもフッーして」と要求を伝え，目を閉じて待ってみましょう。時々，確認しながら，実際に風圧を感じていなくても，子どもがそれらしい動きをしたり顔を近づけただけでも少し大げさに喜んで，子どもの「やってみよう」という気持ちを引き出していきます。すぐにできなくても問題ありません。毎日，少しずつ，同じやり方でアプローチしてみましょう。

Ⅱ-13　ぴったんこ遊び

❖　『人と少し関われる子ども』におすすめ

❖　親と関わって遊ぶことの楽しさをたくさん体験させていきましょう。

❶　子どもが好きな歌を口ずさむ

・子どもが一人で走って遊んでいる所に行きます。

・子どもの好きな歌を口ずさみます。または，好きな音楽を流します。

ぴったんこ！

うわー！

❷　歌うのをやめてくっつく

・歌（または音楽）をピタッと止めます。

・それと同時に子どもに「ぴったんこ」と言いながらくっつきます。

❸ **歌う時間を変えてみる**

- 同じことを繰り返し行って，子どもがそのルーティンに慣れてきたら，歌や音楽を止めるタイミングを変えてみます。

- 歌う時間を長くしたり，短くしたりして，歌う時間をランダムにして遊びます。子どもは，いつ歌が終わり「ぴったんこ」してくれるかを待つようになります。

楽しくあそぶポイント

- 最初は遊びの規則性がわからなくても，何回か繰り返していくうちに「歌が止まると親が『ぴったんこ』してくる」ことがわかり，わくわく，ドキドキしながら遊べます。

- 子どもに「ぴったんこ」とくっつくときは，前や後ろ，右や左など様々な方向から試してみます。ぴったんこするときは，強い感覚が好きな子ども，やさしくそっとしてほしい子どもなど刺激に対しての個人差がありますので，一緒に遊びながら子どもがどんな刺激が好みなのかを探ってみましょう。

- 子どもの表情をよく観察して遊びます。笑っていても楽しいとは限りません。怖いときに笑っている（ように見える）子どももいます。親は「楽しんでいる」と思って繰り返していると怖がって泣き出すこともありますので，表情の微差に気づいて親が配慮します。

II-14 新聞にのってね

❖ 『人と少し関われる子ども』におすすめ

❖ 遊びを設定して親から子どもを誘います。子どもは，誘われた遊び
を一緒にすると楽しいことがわかります。親と共同活動ができるこ
とが，子どもの遊びを広げていきます。

❶ 新聞紙に乗ってみてと誘う

- 子どもの前まで行き，新聞紙を見せながら遊びに誘います。新聞紙を広げて「ここに乗ってみて」と誘います。
- 興味を示さない時には，親がやってモデルを示します。

❷ 新聞紙を破る
- 「いくよ！動かないでね」と伝え，「3，2，1，ビリーッ」と言いながら，新聞紙を繊維に沿って勢いよく破ります。

❸ 残った新聞紙に乗る

● 残った新聞紙に乗ってもらい，それを繰り返します。

❹ 破れた新聞紙で遊ぶ

● ビリビリに破れた新聞紙を投げたり，丸めたりして一緒に遊びましょう。最後は，ゴミ箱や段ボール箱などを準備し，「この中に入れてみよう」と声をかけます。親がゴミを捨てるモデルを見せて片付けを楽しみながら終わらせます。

楽しくあそぶポイント

● 周りの安全確認をしてから始めます。子どもが転倒しても大丈夫なように，ゴムマットのようなものを敷いておくとより安全です。また，ジャンプしたときに滑るのを防ぎます。

● 子どもが新聞紙のどの位置に立っていいのかわからないときは，親が手をとり，足を置く場所を指さしたり，マジックなどで○を書いて「この中に立って」と親が立ってみてモデルを示してみてもいいでしょう。それでも遊び方がわからない子どもには親同士でモデルを見せます。

● 役割交替をするときは，親が新聞紙の上にのり，もう一人の親が子どもと一緒に新聞紙をビリーッとします。「裂く」という動作が難しくてできない子どももいます。裂けめを作ってあげ，その部分を手に持たせてあげます。繊維の方向に動けるように身体に触れ，動作のサポートをしてあげるとわかりやすいです。きれいに裂けたときは一緒に喜びましょう。

II-15 ペットボトルの キャップで遊ぼう

✤ 『人と少し関われる子ども』におすすめ

✤ 最初，子どもは，キャップの動きに注目して近寄ってくるだけかも
しれませんが，親から働きかけて一緒に遊ぶことによって，人と関
わる楽しさを体験させていきましょう。

• 親が二人いる場合は，子どもの周りを囲んで座る。

• 親が一人の時は，子どもと向かい合って座る。

❶ 子どもを遊びに誘う

子どもにキャップを見せて，「これで遊ぼう」と誘います。

❷ キャップを指先で転がす

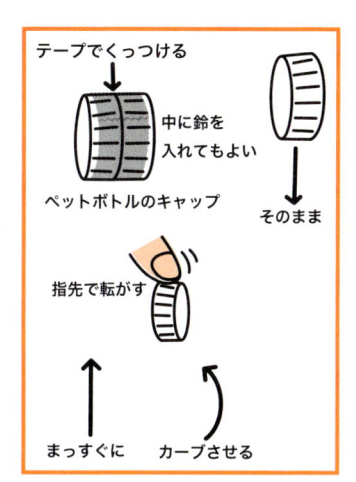

- 最初は，右図のように，親がキャップを指先で転がします。慣れてくれば，キャップの角度やスピードを変えて楽しみます。
- 子どもが興味を示したら，一緒にやってみます。
- （親が二人いる場合）親同士で放射状にキャップを転がし合い，子どもの関心を引いて遊びます。
- キャップがほしいと子どもが合図を送ってきたら，その子どもの方に転がします。

楽しくあそぶポイント

- カラフルな色のキャップを用意すると，子どもが好きな色のキャップに関心を示すかもしれません。あるいは，2個のキャップをテープでくっつける，その中に鈴などの音のするものを入れるなど，いろいろなキャップを準備し子どもの好きなものを選ばせます。
- 転がすときは「いくよー」「ぴょーん」など声かけや効果音を出すと子どもが喜びます。子どもが転がしたときは「じょうずだね！」「はやいねー」などの声をかけて盛り上があるようにしましょう。
- 要求があるときは，アイコンタクトが取れるチャンスです。キャップがほしいと要求してきたときは，子どもに視線を合わせながら，「〇〇ちゃん，いくよー」と声をかけて要求に応えていきます。

Ⅱ-16 ボールだ逃げろ

✤ 『人と少し関われる子ども』におすすめ

✤ 親に関わってもらい，一緒に遊ぶと楽しいことがわかります。親は，子どもの様子をよく見て，子どもが楽しめるようにボールの投げ方を調整します。

❶ 子どもにボールを転がす

- 二人の親が子どもを挟んだ位置関係に立ち，どちらか一方がボールを手にして，「〇〇ちゃん，いくよ」と声をかけ，ボールをコロコロと子どもに向けて転がします。

❷ もう一人がボールを受け取り，転がす

- 次に，もう一人がボールを手にして同じように「〇〇ちゃん，いくよ」と声をかけ子どもに向けてボールを転がします。

❸ 子どもがボールを手にしたら，親が逃げる

- 子どもが後ろを振り返りながらボールの行方を気にし始め，ボールを手にしたら，親が逃げてみましょう。

楽しくあそぶポイント

- 子どもは，逃げているうちに楽しくなり，ボールをコロコロしてもらうことを期待するようになります。ボールのスピードを変えて楽しみましょう。

- 転がすときは必ず子どもに声をかけます。毎回同じ方法，同じ声かけをするというように親は統一した関わり方をします。その方が子どもは安心し，理解しやすくなります。

- 子どもがボールを手にしたら，役割交替を試してみましょう。子どもにわかるように親は逃げてみます。子どもはボールの方向をうまくコントロールできない場合，親が子どものボールの方にわざと寄っていき，ボールに当たります。残念がって少し大げさなリアクションをすると盛り上がります。

- 「ボール遊び」の投げる役割，受け取る役割を理解できない子どもは，逃げるだけでも楽しく遊べます。

II -17　キラキラボールが ほしい

❖　『人と少し関われる子ども』におすすめ

❖　親はわざと子どもの要求がでるような遊びの設定をして，子どもの
要求を引き出します。

❶ キラキラボールを見せる

● 親がキラキラしたボールを持ち，
「きれい」と言いながら触ったり，
眺めたりしてみます。

❷ キラキラボールを高い所に置く

● 子どもがそれに気づいたと感じたら，
それを子どもの手の届かない場所に
置いてその場を離れます。

❸ 取ってほしいと要求したら取ってあげる

- 子どもがキラキラボールを取ろうとしているのを確認しながら，子どもが親のところにきて要求を出してくるのを待ちます。
- 子どもが指さしをしたり，「あー，あー」「あれ」などの要求をしたら「キラキラボールほしいの？」と声かけます。

- 渡すときは「はい，どうぞ。これがほしかったのね」と子どもの気持ちを代弁します。

楽しくあそぶポイント

- 親が楽しそうにしていると，子どもは親が魅力的な物を持っていることに気づき，近づいてきます。気づかないふりをして子どもの手の届かない場所に置いてみましょう。子どもは「取りたい！」と思い試行錯誤してみるかもしれません。しかし，自分で取れないとわかると，いろんな形で親に要求を出してきます。

- キラキラボール以外でも，子どもが興味や関心のある物で少し目新しいもの，例えば，指輪やキラキラしたネックレス，髪留めなど思わず手が出そうなもので試してみます。

- 親は，子どもが興味を示すとすぐに触らせてあげたいという気持ちになりますが，要求を出すためにあえて気づかないふりをしてみます。そして，子どもが「とってほしい」という素振りを示したら，それに応えていきます。

II-18　気づかないふり遊び

❖　『人と少し関われる子ども』におすすめ

❖　子どもに親への関心をもたせるために，親はわざと大げさにふるまって遊びましょう。

❶　気づいていないふりをする

- 親に対して関心を示していることがわかったとき，親は意図的に気づいていないふりをします。
- 「〇〇ちゃん，どこにいるのかしら？」とわざと探しているふりをして子どもに油断させます。

❷　急に振り返って追いかける

気づかないふりをして注意をひきつつ，急に振り返って「あー，いた！　まて，まて」と言いながら，子どもを追いかけます。

※怖がりの子どもにはそっと追いかけるところから始めましょう。

❸　つかまえて抱っこする

最後はつかまえて，ぎゅっと抱っこします。

❹　繰り返す

- 喜んだら繰り返しやります。
- 「またやってー」という素振りを見せたら，それにちゃんと応じます。

楽しくあそぶポイント

- 信頼関係が築かれると，親に興味を示し始めますが，それをはっきり表現しない，あるいは表したとしても微弱なサインであるため，親は気がつかない場合があります。親の方から敏感に察知しましょう。

- 子どもは親が気づいているということがわからず，ドキドキしながら扉や大きな柱のかげなどから見ています。そのドキドキ感を親も一緒に楽しみましょう。親は長すぎず，短すぎないタイミングを見計らって，気づいたふりをします。

- つかまえて抱っこした後，子どもは「またやって」と身振りや言葉などで示してきます。何度でも循環遊びとして繰り返し遊びます。

Ⅱ-19　ロープで遊ぼう 1

> 子どもの好きな色のロープを使うと子どもの興味や関心を引きやすいです。

なんだろう～？

❶ ロープに気づかせる

- ロープを床に置き，ロープの存在に気づかせます。そして，へびのように揺らして「楽しそう」と思えるようにしてから誘います。

❷ ロープを乗り越える

- 子どもが四つん這いになっている時に，その下にロープをくぐらせます。そのロープをへびのように揺らし，その上を乗り越えさせていきます。

❸ ロープをくぐる

- ピンと張ったロープを乗り越えさせたり，少し高めに持って下をくぐらせます。

❹ ハイタッチをする

- 乗り越えたりくぐったりしたらハイタッチをします。

楽しくあそぶポイント

- 子どもができない場合は，親が子どもの動きに合わせてロープを動かします。それによって，子どもは乗り越えたり，くぐる体験をすることができます。できるたびにほめてあげると，子どもは同じことを繰り返すようになり，やがて自分でできるようになるでしょう。最初からできるように頑張らせるのではなく「いつのまにかできた！」を目指しましょう。

II -20　ロープで遊ぼう 2

❖　『人と少し関われる子ども』におすすめ

❖　親と関わりをもって遊ぶことによって，遊びがさらに楽しくなっていくことを体験させていきましょう。

いろいろな素材のロープを何本（何色）か組み合わせて結び，長めのロープを作ります。

ロープの上を親子で手をつないで歩いて遊びます。

上手ね〜

みてみて！

いろんな素材のロープを準備し，床に置いてＳ字や蛇のように設置し，養生テープのようなもので固定します。

❶ 親がモデルを示す

- 固定されたロープの上を親が楽しそうに歩き，子どもに興味をもたせます。
- 「〇〇ちゃんもやってみよう！」と誘います。
- ロープを触っただけでも「タッチできたね」とほめてあげます。

❷ 親と手をつないで，子どもがロープの上を歩く

- 親が手を持って支えながら，横歩きやまっすぐ歩き，ジャンプしながらなど子どもの好きなやり方で進みます。
- 「次は青色だね」「〇〇ちゃんの好きなピンクのロープまでよいしょ，よいしょ」などと声かけをします。

❸ 終わったらハイタッチ

- ロープの上を歩き終わったらハイタッチをします。
- 最後まで歩かなくても，少しでも歩こうとしたら「できたね」と言ってハイタッチして喜び合いましょう。

楽しくあそぶポイント

- ロープの上を歩くときは，少し不安定になりますが，子どもと一緒に手をつないで歩けるチャンスです。手をつないで歩いてみましょう。
- ロープの素材や太さによっては，その足裏の感覚が苦手な子もいます。ロープが苦手でも，すずらんテープのような平らでカサカサした感触の素材が好きな子どももいます。家庭にあるもので，子どもがどんな素材が好きなのかを試してみましょう。
- 子どもが積極的にやらない場合は，手をつないだまま，あるいは抱っこして親がロープの上を歩いてもいいでしょう。親がしているのを何回も観察して「自分もやってみたい」と思えるまで焦らずに楽しむことを優先しましょう。

Ⅱ-21　ロープで遊ぼう 3

❖　『人と少し関われる子ども』におすすめ

❖　親が設定した遊びに参加することによって，自然に親と関わりを
もって遊ぶことができます。

長いロープがない場合は，短いロープを結んで大きな輪にしましょう。

皆でロープを持って，「右まわし」「左まわし」「上に上げる」「下に
下げる」などして，ロープを動かします。

❶ ロープを持って丸くなって床に座る

- 最初は親がロープを丸くなるように持って床に座ります。
- ロープと人によるサークルができ，それに子どもが関心を示して近づいて きたら，ロープを持つように声かけをします。
- その時，親は「みて，みて」と言って，子どもの注意をひきつけてから， ロープを手で持つところを見せます。

❷ 親子でロープを回す

- 親子がロープを手に持った状態で「右回り」「左回り」と声をかけてから ロープを回します。
- 「そうだね」と言いながら，回す方向が合っていることがわかるように言 葉がけをしていきます。いろんなバリエーションの声かけをして楽しみま す。

❸ 終わる時の声かけ

- 終わりがわかるように，「電車が止まりまーす」などと興味を引く声かけ をします。

楽しくあそぶポイント

- 「線路は続くよ♪」など，歌を歌うと子どもの気持ちがのってきます。 始まりと終わりがわかるように「しゅっぱーつ！」→歌う→「とまり まーす」などの声かけをするとわかりやすいです。
- ロープを「うえ」「した」「まえ」などの言葉に合わせて動かします。子 どもは言葉がわからなくても，親がロープを動かすので，握っているだ けで正しい動きができます。子どもが，方向や動きの言葉を自然に覚え られる遊びです。
- 親が先に座っていると，子どもがサークルの中で走り回るかもしれませ んが，危険のない範囲で見守りましょう。少し落ち着いてから，どこに 座るのか具体的な声かけをし，ロープを一緒に持つモデルを見せます。

Ⅲ　やりとりする遊び

- 人とやりとりができる段階の子どもを対象にした遊びです。
- やりとりと言ってもまだ言葉によるやりとりは難しく，身振りや表情や発声などの非言語的なやりとりです。でもこの非言語的コミュニケーションがとても大事です。大いに遊びの中に非言語的コミュニケーションを取り入れていきましょう。
- 人とやりとりができるようになると，親は子どもとの遊びに少し手ごたえを感じるようになります。また，遊びも長く続けることができるでしょう。
- また，人とやりとりができる頃には，共同注意ができるようになります。物の手渡し，物の提示行動，指さしなどを大いに遊びの中で経験させていきましょう。

III-22　ロープで遊ぼう 4

❖　『人とのやりとりがきる子ども』におすすめ

❖　子どもに，親とやりとりしながら遊ぶことが楽しいことを体験させます。親は子どもとのやりとりが少しでも多くできるように配慮します。

❶ ロープに気づかせる

最初は親が腰に巻き付けたロープをそっと子どもの視界に入るように示します。

> あつー！

親の腰にロープを軽く巻き付け，しっぽのように垂らします。軽い力で引っ張ればすぐにほどける程度の固さで結びます。

❷ 子どもがロープに気づくと逃げる

- 子どもがロープに気づいたら，親は子どもの気をひきながら逃げます。

❸ ロープを引っ張らせる

- 子どもが追いかけてきたらタイミングを見て子どもにロープを引っぱらせてあげます。
- 「○○ちゃんに，とられちゃった」など子どもが楽しめる言葉がけをします。

❹ 繰り返し遊ぶ

❺ 役割交替

- 役割交替ができる場合は，子どもが逃げる役をします。「まて，まて」と追いかけます。

楽しくあそぶポイント

- 子どもの好きな色のロープを使うと効果的です。それでも子どもが関心をもたなかったり，気づかない場合は，子どもの前でロープを揺らすなど注目できるように試みます。
- 子どもが追いかけてきたら，取れそうで取れない程度の距離感で逃げましょう。あまり取れないと子どもが飽きて，違う遊びに移行してしまいますので注意が必要です。
- 役割交替ができる子どもには，子どもの腰に巻き付けて親が追いかけてみます。ロープを取られると泣いて怒る場合もありますので，その子どもの反応を見ながら親の行動を調節します。

Ⅲ-23　うちわ遊び

❖　『人とやりとりができる子ども』におすすめ

❖　子どもが興味をもっている物で親と一緒に遊ぶ経験を通して，親と
やりとりができるようにしていきます。

❶ 親がうちわをあおいで見せる

- 親が自分をうちわであおいでみたり，子どもをあおいだりして，うちわに
注目させます。

- 「みて，みて，これうちわだよ」と声をかけます。

❷ **子どもの顔をあおぐ**

- 子どもが関心を示して近寄ってきたら，うちわで顔をパタパタあおぎます。
- うちわをほしがったら「ちょうだいって言ってね」と言いながら要求を引き出します。

❸ **子どもにあおいでもらう**

- 今度は役割交替です。
- 「パパにもやって」と言って，親が子どもにあおいでもらいます。
- 「ありがとう」「気持ちいい」などと，やってもらったことを喜びます。

楽しくあそぶポイント

- 子どもの好みの風量やあおぎ方（面白い動作や，大げさなあおぎ方など）を工夫して楽しみましょう。顔だけでなく，服やTシャツの下から風を送ってみます。

- 子どもが関心を示して，うちわでパタパタしてもらいたい様子を示したらやさしくパタパタしてみましょう。「もっと」という期待を込めた表情をしたときには繰り返しパタパタしてあげます。

- うちわに興味を示さない場合は，親が二人で互いにあおぎ合って遊びのモデルを見せます。意図や面白さがわかると，遊びに参加しやすくなります。

- うちわを渡したり，受け取ったりするときは必ず「ちょうだい」「かして」などの言葉を交わしましょう。子どもは言葉で言えなくても，表情やハンドサインができれば「どうぞ」と言いながら渡します。

III-24 風船ロケット

❖ 『人とのやりとりができる子ども』におすすめ

❖ 子どもが興味をもっている物で遊ぶと，無理なく関わって遊ぶことができ，やりとりにつながっていきます。

❶ 風船を見せる

● 子どもに「風船を膨らませるよー」と風船を見せながら声をかけます。

❷ 風船を飛ばす

● 発射させるときは「いくよ！ 3, 2, 1, 発射ー！」と合図をして飛ばします。

❸ 風船を探す

● 風船が床に落ちると「どこかな」と言い，子どもに探して持ってきてもらいます。

❹ 風船を受け取る

● 風船を受け取り，遊びを繰り返します。

楽しくあそぶポイント

● 　親が風船を膨らませる様子を，子どもはわくわく，ドキドキして見ています。そのとき，親から視線を合わせてみましょう。子どもの視界に入るようにしゃがみます。

● 　発射までの間を大事にします。「3, 2, 1, 発射」と呼吸を合わせて発射させます。風船がロケットのように飛んだら一緒に喜びましょう。そして，「もう1回」という要求を引き出す機会を作ります。

● 　思わぬ方向に飛んで行った風船を一緒に探し，子どもに取ってきてもらいます。これもやりとりの一つになります。子どもはもう一度風船ロケットをしてほしくて持ってきます。「ありがとう」と受取り，「もう1回」の要求を引き出します。一つの遊びにたくさんの関わりがあり，それを繰り返し，繰り返し遊ぶことができます。

III-25　風船とばし

✤　『人とやりとりできる子ども』におすすめ

✤　子どもが興味をもっている物で遊ぶと，選択や要求などいろいろな
　　社会的コミュニケーションができるようになります。

❶ 風船を選ばせる*

- 「好きな色を1つ選んでね。どの
　色がいい？」と尋ねて，子どもに
　風船を選ばせます。

　　＊選ばせることは，自分で選択した
　　　として，責任感の基礎になります。

どの色がいい？

コレ！

❷ 風船を膨らます

- 「風船を膨らますから待ってね」
　と伝えてから膨らませます。

待ってね。

ふー

なんだろ？

チラッ

❸ 風船を飛ばす
- 「いくよ，3，2，1，発射」と合図をしてから飛ばします。

❹ もう1回
- 子どもが「もう1回」と言ってから繰り返しやります。

楽しくあそぶポイント

- ここでは，いくつかある風船の中から子どもに選ばせることがポイントです。子どもが迷って選択できなかったり，全部ほしがったりするときは，数を調整して2色にしぼります。子どもの好きな色と好きでない色の2択ですと，子どもも迷わずに選べます。

- 「どの色がいい？」という質問の意図がわからない子どももいます。そのときは，親が「私はこれ」と何かの色の風船を選んでモデルを見せます。また，子どもは色は知っているけど選択することができない場合があります。人が選択している場面を手本にして，経験をしていくことで選択できるようになってきます。

III-26　ロケット遊び

✢　『人とやりとりできる子ども』におすすめ

✢　目新しく面白そうな物を用意すると子どもはそれに引き付けられて
　意欲的に遊ぶことでしょう。そのような環境の中で，親とのやりと
　りもより活発に行われるようになります。

ラップフィルムやトイレットペーパーの芯，
ツルツルしたひもを準備します。
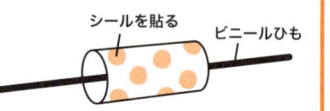

❶ ロケットを作る

- ラップフィルムまたはトイレットペーパーの芯に子どもの好きな色やキャラクーのシールを子どもと一緒に貼ります。
- 二人の親がひもの両端を持ちます。両端の高低差をつけて，ロケットを滑りやすくします。

❷ ロケットを滑り落とす

- 「〇〇ちゃんロケットだよ。3，2，1，発射」と声かけをします。
- 子どもがロケットから手を離し，ロケットを滑り落とします。もう一人の親は「がんばれ」と応援します。
- ロケットが下まで滑り落ちると「〇〇ちゃんロケット到着」と終わりがわかるように伝えます。

楽しくあそぶポイント

- ロケットを親子で一緒に作るとロケットに対する愛着がわきます。また，言葉がわかる子どもには，「どのシールがいい？」「どこに貼る？」「もう，おしまいにする？　それとも，まだ，貼る？」などと話しかけ，やることを自分で決めさせたり，「ここに貼ってみたら？」と親の提案を受け入れる経験をさせます。
- ロケットを発射させるときには，「発射」という親の合図に合わせて子どもが手を放して発射できるかがポイントです。
- ロケットの落ちるスピードは，高低差をつければ変えることができます。子どもに「ゆっくりがいい？　はやいほうがいい？」と希望を聞いてもいいでしょう。例えば，ひもの長さを変えて階段の上から発射させれば，スピードアップして長い距離を楽しむことができます。
- ロケットが落ちるときに，親が紐をゆすって，ロケットを回転させたりすると変化が楽しめます。その際，ロケットに鈴をつけると音がしてさらに楽しいです。

III-27　足たおしてみて！

❖　『人とやりとりできる子ども』におすすめ

❖　親の身体に直接ふれあって遊ぶことで，親との関わりが実感できます。さらに，親の身体を動かす体験は，自分の働きかけが親に影響を与えることを理解することでもあります。

❶　親が寝転んでみせる

● 子どもの前で親が寝転び，両足を上にあげます。

● 「〇〇ちゃん，ママの足をたおして！」「〇〇ちゃん，力が強くなったかしら？」などと声をかけてみます。

❷ 子どもが足を倒す

- 子どもが足にちょっとでも触れたら親はオーバーに倒れます。
- 「力持ちだねー」「びっくり！」などと少し大げさに言ってみます。

❸ 役割交替

- 親を真似して子どもが寝転んだら，今度は子どもの足を倒して遊びます。

楽しくあそぶポイント

- 子どもが親の行動に興味をもつように声かけをします。「〇〇ちゃん，力持ちだからできるかな」「ママは絶対に倒れないぞー」と子どもの特性にあった声かけをしてみます。
- 子どもが倒したときには，親が驚いたり，オーバーアクションをすると子どもはとても喜びます。倒れそうで倒れない，おおげさに倒れるなどいろいろな倒れ方をしてみましょう。
- 子どもの「やって」という要求を引き出して，役割交替につなげていきます。役割交代して子どもを倒すときは，そっと押してあげましょう。

III-28 あてっこゲーム

❖ 『人とやりとりできる子ども』におすすめ

❖ 子どもが興味をもっている物で遊ぶと，選択や要求などいろいろな
社会的コミュニケーションができるようになります。

❶ お菓子はどっち？

- 子どもにお菓子を渡すとき，目の前でお菓子をどちらかの手に入れて握ります。
- 「どちらの手にお菓子が入っているか，当ててみて」と伝えます。

❷　どちらもあたり

- 子どもがどちらを指さしても，お菓子をだしてみせます。
- 「すごいね，当たったね。どうぞ」と声をかけながらお菓子を渡します。

楽しくあそぶポイント

- 子どもにお菓子をあげるときにすぐに渡さないで，この遊びのようにゲーム感覚にすると，ここにやりとりの機会が生じます。子どもはお菓子がほしい一心ですし，ゲーム感覚で当てる楽しさが動機付けになるので，やりとりが無理なくできます。

- 言葉や指さしでどちらの手に入っているかを当てるゲームですが，当てることが目的ではありません。子どもが選択する行動ができるかどうかがポイントです。

- しかし，最初からハズレが続くと，やる気を失ってしまいますので，この遊びになれるまでは両手にお菓子を握り，どちらの手を指されても当たるように配慮します。

- 子どもが親の手を外側から触ったり，のぞきこんだりするのも OK です。あるいは少し見えるように握って，ヒントを示してもいいでしょう。

- 選択する意味がわからないあるいはどちらも選べない子どもには，親がモデルを見せます。

III-29 頭の上に お手玉ポンポン

❖ 『人とやりとりできる子ども』におすすめ

❖ ちょっと変わったことをして子どもの注意を引き，要求行動や模倣
　行動を促していきます。

❶ お手玉を頭の上に置く

- 子どもが一人遊びをしているときに近くに座ります。
- 自分の頭の上にお手玉を置きます。子どもが親に注目していなくても大丈夫！
- 子どもに「〇〇ちゃん，みて，みて」と声をかけます。

❷ お手玉を落とす
- 頭を傾けて，お手玉を床にポトンと落とします。

❸ もう一回

● 子どもが興味を示したら「もう，1回やるよ。見ていてね」と告げてからやってみます。

❹ 子どもの頭に乗せる

● さらに，子どもの頭にも乗せてみます。
● 子どもが自分で親の真似をしたら「できたね」とほめます。

楽しくあそぶポイント

● 頭の上のお手玉をポトンと落とすときには，子どもの視界に入る位置に落とします。遊んでいても，お手玉が落ちると思わずそちらの方を見るでしょう。見ない場合は，子どもの注意を引くように何回かしてみます。

● 子どもが落ちたお手玉に注意が向き，取ろうとしたときには，親が「はい，どうぞ」とお手玉を手渡します。これで1回のやりとりになります。頭以外に，手，肩，腕，背中なども試して，何度もやりとりをしましょう。

● 子どもが親の真似をして自分の頭の上にお手玉を乗せようとするかもしれません。子どもが親の真似をしても頭の上にうまく乗せられないときは，そっと手伝ってあげましょう。子どもがお手玉を親に差し出してくるかもしれません。「ママが乗せてあげるね」と言葉をかけてから頭の上に乗せてあげてもいいです。一つ一つの行為，行動に言葉をのせて親子遊びを楽しみます。

III-30　くるくる追いかけっこ

❖　『人とやりとりできる子ども』におすすめ

❖　やりとりができるようになると，親の動きに注目して遊ぶことができます。そのため一緒に遊んでいた親がいなくなったことに気づきます。この子どもの成長によって遊びが楽しくなります。

❶「まて，まて」と追いかける

• 子どもの注意を引き，柱の近くに行きます。

• 「〇〇ちゃん，まて，まて」と声をかけながら柱の周りを走ります。

❷　柱のかげに隠れる

• 急に止まって，柱のかげに隠れます。

❸ 「こっち，こっち」と誘う

● 子どもが「どこ？」と探して
　いるのがわかると「こっち，
　こっち」と柱のかげから声を
　かけ誘います。

● 子どもが親の存在に気づいた
　らタッチをして一緒に喜びま
　しょう。

❹ 繰り返し遊ぶ

● 「まて，まて」と追いかける
　遊びを繰り返します。

楽しくあそぶポイント

● 「いない，いないばー」のように親子で何度でも繰り返し遊べる循環遊
　びです。

● 人が隠れるくらいの大きな建造物や家具のようなものがあればどこでも
　できます。人混みのない場所で，太くて大きな柱（くるくる回れるよう
　な）でやってみましょう。

● 子どもは，親が隠れたり出てきたりするとびっくりしますが，何度も繰
　り返しているとそれを期待してわくわくドキドキしながら遊べるように
　なります。見つかったら子どもと「タッチ」をしたり，「ぎゅっ」と抱
　きしめたりして一緒に喜びましょう。単純なやりとり遊びの中で親子の
　情動を交わせる遊びです。

● 子どもが親に興味をもつ（親と一緒にいると楽しい！と思える）きっかけ
　となるように，親も子どもも思いきり楽しみましょう。

III-31　トンネルスキンシップ

✤　『人とやりとりできる子ども』におすすめ

✤　親子で協力しあって行う遊びです。身体の動きを使った親子のやりとりを楽しみましょう。他者との共同活動につながっていきます。

❶ 四つん這いの中を通る

- 四つん這いをして，「○○ちゃん，ここ通ってみて」と声をかける。
- 子どもがやり方をわからないときは，親がくぐるモデルを見せます。

❷ 股の間を通る

- 股の間を通れるように，いろいろな姿勢をしてみましょう。

❸ くぐったらジャンプ

- くぐれたら子どもの両手を親が左右から持ち，ジャンプします。

❹ 繰り返し遊ぶ

- このパターンを繰り返し遊びます。

楽しくあそぶポイント

- 遊びが楽しくなったら，「わんわんだよ」「にゃんにゃんだよ」「スカイツリーだよ」「橋だよ」などとポーズに意味づけて楽しみましょう。
- また，いろいろなポーズを試してみましょう。親二人で「大きなお家だよ」といって家の形を作ったり「テレビの中に入ってみてー」といってテレビの形を作ってみます。またそのサイズを変えて「大きい」「小さい」「低い」「高い」などの概念も取り入れてみましょう。遊びの中で学んでいけます。
- 子どもが親の身体をくぐろうとしたときに，「ぎゅっ」と子どもの体を挟んでみても楽しいでしょう。開いたり，閉じたり門のように見立てて，開いているときに通過できるようにドキドキ感を味わったり，くぐれたときの達成感も味わえます。

III-32　トンネルで遊ぼう

✤　『人とやりとりできる子ども』におすすめ

✤　目新しく面白そうな遊びの設定をすると，子どもはそれに引き付けられます。そして，そのような環境の中で，親の指示に従ったり，親とのやりとりもより活発になるでしょう。

> お家にあるマットレスなどで三角または四角い
> トンネルを作ります。

❶　親がトンネルの中をくぐる

● 「〇〇ちゃん，こっちみてー」と子どもに声をかけます。

● 子どもが注目していなくても親がトンネルの中をくぐってモデルを見せます。

❷　子どもがトンネルの中をくぐる

- 子どもが関心を示したら，入口の方で親が指さしながら入るように誘い，出口でもう一人の親が出迎えます。
- 子どもが出てきたらハイタッチをします。

❸ 皆でトンネルの中に入る

- 親も子どもと一緒にトンネルの中に入り，子どもをギュッと抱っこします。

楽しくあそぶポイント

- トンネルから出ると，親子でハイタッチをするというパターンを繰り返して遊びます。時には，トンネルの中で「ぎゅっ」と抱っこしてみても楽しいでしょう。予想外の出来事に最初は驚くかもしれませんが，楽しく繰り返しているうちにその遊びも一つのパターンになります。いくつかのパターンがあると楽しいです。親がリードして，遊びに展開をもたせます。

- 最後にトンネルの上に皆でダイビングすると，終わりがわかりやすいかもしれません。ご家庭でいろいろなパターンを試してみましょう。

III-33 親子でおさんぽ

✤ 『人とやりとりできる子ども』におすすめ

✤ まだ言葉がでていない子どもにも，遊びの中で色を示し，その名前を言うなど言葉の発達を促していきます。

❶ 手をつないでマットの上を歩く

- 子どもが好きな色のマットを直線または曲線になるように設置します。
- 「手をつないで一緒にあるくよ。いくよ」と告げてから，手をつないで，マットの上を歩きます。
- 歩くときに「赤マットからスタートだよ」などわかりやすい言葉がけをします。
- 子どもの歩調に合わせ子どもの様子を観察しましょう。

マット

❷ いろいろな素材の上をいろいろなパターンで歩く

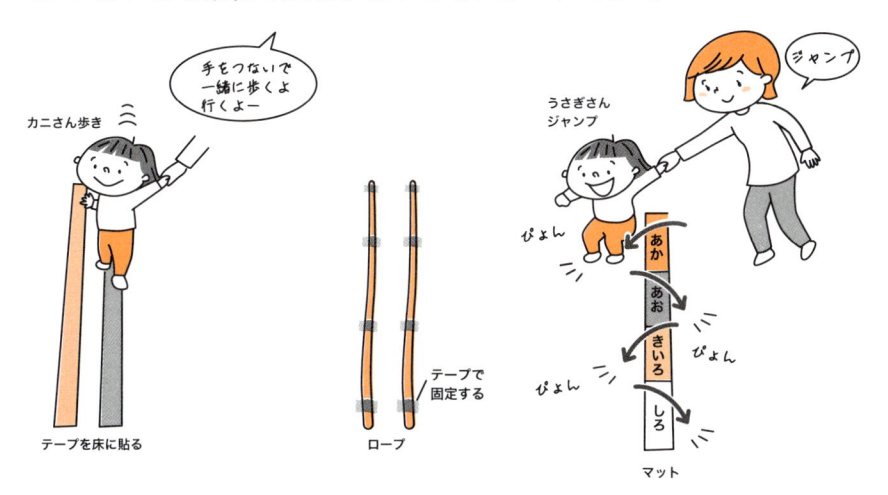

楽しくあそぶポイント

● 設置されたマットの上を歩く，またいで歩く，ジャンプする，後ろ向きに歩く，目を閉じて歩くなど条件を変えて散歩してみます。親と手をつないで遊ぶとスキンシップもとれます。また，自分の苦手なこと（ジャンプが苦手，ロープの上を歩くのが苦手など）が親と一緒にすることで楽しめるという経験を積み，親を大切な存在と感じるようになります。そこから信頼関係が築かれていきます。困ったときに助けてくれる存在は誰にとっても仲良くしていたいと思う存在です。

● 「カニさん」「うさぎさん」「わんちゃん」などになりきって散歩するのもいいでしょう。

● ロープやすずらんテープなどはしっかり固定しましょう。取れやすかったり，しっかり固定していなかったりすると，子どもはその部分が気になり，遊びよりも，その部分に興味をもちます。環境設定は大切です。

● この遊びを複数の親子でするのも楽しいです。

Ⅳ イメージや言葉を育てる遊び

● 言葉が少し話せる段階の子どもを対象にした遊びです。

● 言葉が少し話せるようになっても，会話がスムーズにできるわけではありません。まずは，言葉をたくさん話す機会を遊びの中で設定しましょう。

● 最初は，決まった場面で決まった言葉を言うことを繰り返すことから始めます。そして，言葉のやりとりを増やしていきます。

● 言葉が出てくる頃は，象徴機能が育ってくる時期でもあります。ふり遊びやごっこ遊びなどをして，象徴機能を高めていきましょう。

IV-34　絵本の読み聞かせ

❖ 『言葉が少し話せる子ども』におすすめ

❖ 言葉が少し話せるようになった子どもには，さらに遊びを通して，言葉に興味をもたせていきます。

❶ 絵本の絵を指さしながらお話しする

- 子どもを膝の上に抱っこした状態で絵本を開きます。
- 絵本の中の登場人物を指さしながら「これ，あおむしさんね」「これはちょうちょだね」と子どもと確認していきます。

❷ わざと間違える

● 例えば，絵本の中にでてくる「おばけ」のような子どもにとって間違われたくない人物を指さし「これ，〇〇ちゃん？」と質問してみます。

❸ また絵本を見る

● 子どもの反応が引き出せたら，絵本に戻ります。

● 子どものお気に入りの人物も指さしてみます。

❹ 繰り返し遊ぶ

楽しくあそぶポイント

● 絵本のストーリーを追わなくても大丈夫です。絵本に描かれている絵の方に着目してお話しします。

● 絵本の中の登場人物で例えば「おばけ」などのように好ましくない人物を指さしてみましょう。子どもからしっかりとした拒否の反応を引き出せる可能性が高いです。拒否も立派な主張です。意思の表出を認めていきます。

● 抱っこが苦手な子どもの場合は，無理に抱っこしなくてもかまいません。絵本を子どもの方に向けていれば横に座っても，向かい側に座っても大丈夫です。あまり子どもと距離がない程度の位置に座ります。

IV-35　ままごと 1

❖　『言葉が少し話せる子ども』におすすめ

❖　言葉がでてくる時期には，象徴機能も育ってきています。この時期
　　には，ふり遊びを親子で楽しみましょう。

❶ 行動を言葉で表す

- 子どもが（マジックテープ付きの）玩具の野菜を切っているときに，親は
  横で子どもの行動をよく観察します。

- 親は，子どもの行動に合わせて，「トントントン」➡「切れたね」➡お皿を
  差し出して「お皿に載せよう」➡「できたね。今度はキュウリ」➡「トント
  ントン」➡「切れたね」な
  どと言います。

- これを何度も繰り返し，子
  どもが行動とそれを表す言
  葉がわかるようになったら，
  子どもに同じように言って
  みるように促します。

❷ 食べるふりをする

- 野菜が切れたら，親は子どもの切った野菜を手に取り，食べるふりをしてみます。
- 親は，食べるふりをしながら，「いただきます」➡「あーん」➡「パクパク，パクパク」➡「あー，おいしい！」➡「ごちそうさま」を一つのセットにして繰り返し言います。
- 子どもにも同じように食べるふりをするように促します。

楽しくあそぶポイント

- 次々と遊びを進めるより，繰り返して同じ遊びをすることが大切です。
- 同じ遊びを繰り返すことで，子どもが「これでいいんだ」と安心して遊ぶことにつながります。子どもは安心できると「真似」や「やりとり」の楽しさに気づきます。
- 楽しいやりとりで遊びを成立させていきます。子どもの動作の後にどのように親が反応し言葉かけをするかを工夫しましょう。例えば，「おいしいね」だけではなく「甘くておいしいね！　わーすっぱい！」など言い方に変化を付けると言葉のバリエーションが広がります。
- 遊びに慣れてくれば，子どもの様子を表わす言葉に少しだけ表現をプラスします。例えば，「トントントン…切れたね」「ジャー…おっとっと…いっぱいになったねぇ」など，ときにはやや大げさに声をかけて雰囲気作りをすることも効果的です。

IV-36 ままごと 2

❖ 『言葉が少し話せる子ども』におすすめ

❖ 言葉がでてくる時期には，象徴機能も育ってきています。さらに複雑なごっこ遊びもできるようになったら，親子でそれを楽しみましょう。

❶ 動作を組み合わせて，ごっこ遊びを広げる

- 子どもが簡単にできるままごと遊びの動作に一つ付け加え，ままごと遊びのバリエーションを広げていきます。
- 例えば，これまで子どもが「切る」➡「食べる」という動作ができていたら，それに「切る」➡「混ぜる（調理する)」➡「食べる」のように，動作を付け加えます。

❷ 決まったセリフで遊ぶ

- 決まったセリフ（「かんぱー
  い」「どうぞ」「ごちそうさま」
  など）で親からタイミングよ
  く子どもに働きかけると，子
  どもも真似しやすくなります。

楽しくあそぶポイント

- 場面場面のテーマを決めて順に再現していくと，イメージしやすいです。
  例えば，「食事」をテーマにした場合，「いただきます」➡食べる動作➡
  「卵焼き食べよう」「お茶飲む？」「お代わりください」➡「ごちそうさ
  ま」などと流れを意識して言葉を添えていきます。
- 「ままごと遊び」の一連の流れができるようになったら，親と子どもが
  役割交代して遊んでみます。

遊びのステップアップ

- ごっこ遊びのきっかけになる簡単な小道具やぬいぐるみや人形を
  用意すると遊びが展開しやすいです。例：お医者さんごっこ

IV-37 いろいろすごろく

✤ 『言葉が少し話せる子ども』におすすめ

✤ 言葉が話せるようになったら，さらに言葉が豊かになる遊びをしていきましょう。ここでは，子どもが好きなキャラクターや数字などを用いて遊びます。

❶ 絵カードを子どもに見せながら並べる

● 絵カードを子どもに見せながら，表向きに並べます。そのときに「これは△△だね」と言葉をかけながら楽しそうに並べていきます。

> あ？これは
> ねこちゃんの
> カードね

絵カードは，子どもが好きなキャラクター，好きな物，知っている物が描かれているものを用意します。

❷ サイコロを振って出た目の数だけ進める

- サイコロを子どもの目の前で振ってみせます。「5だね！」と伝え，出た目の数だけコマを進めます。

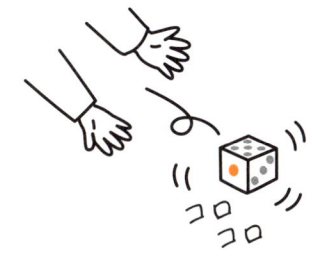

> いぬの
> カードね
> わんわん！

- 親は，コマが止まったカードに描かれている絵のジェスチャーをしたり，鳴き声を真似して見せます。子どもがそのジェスチャーの真似をしたら（しようとしたら）「ハイタッチ！」をします。次に交代して，子どもがサイコロをふります。
- 並べたカードの最後まで進んだらゴールです。

楽しくあそぶポイント

- 初めは子どもがよく知っている（好きな）絵カードを5枚くらい選んで並べます。ちょっと遊んだら「すぐにゴールできた！」と達成感をもたせることがポイントです。
- 慣れてきたら，絵カードを裏返してわくわく感をもたせてもよいです。
- 数の理解が難しいようであれば，サイコロを使わずに裏返しに並べた絵カードを交代でめくることを楽しんでもよいでしょう。
- ゲーム遊びは「サイコロを振る」→「出た目の数だけ進む」→「交代する」といったルールがあり，相手がいないと成立しない遊びです。社会性を育てるためにもこのような遊びの経験は重要です。

V　感覚や運動を育てる遊び

- ●この遊びは，いろいろな発達段階の子どもを対象としています。ただし，子どもの感覚運動発達の状況に合わせて，遊び方を変えていきます。
- ●人との関わりが苦手な子どもは，親と身体的に触れ合うことや親に身体を動かしてもらうことを嫌がることがあります。親が主導的に引っ張るのではなく，子どもの行動に合わせていきましょう。
- ●人と少し関われる子どもややりとりができる子どもであれば，親と遊べるようになりますので，親子で運動遊びを楽しみましょう。しかし，このような動きのある遊びを嫌がる子どももいますので，それに配慮して遊びます。

Ⅴ-38 たかいたかい

✤ **子どもの感覚運動発達に合わせて遊びます。**

✤ 親子で身体遊びをして子どもの感覚運動発達を促します。また，子どもは，親にしっかりと抱きかかえられて動きをともにすることによって，親への安心感を抱きます。

❶ たかいたかい

・最初は，子どもと向かい合って脇の下を支えて，たかいたかいをします。次に，子どもを後ろから支えて同様にします。

❷ 左右回転

・最初は，子どもを向かい合わせで抱き，右回り，左回りと回転させます。次に，子どもを外向きに抱き，同様にします。

右まわり　　　　左まわり

●向かい合って抱っこ

●外向きに抱っこ

❸　上下に動かす

- 最初は，子どもを向かい合わせで抱き，上に上げたり，下に降ろしたりします。次に，子どもを外向きに抱き，同様にします。

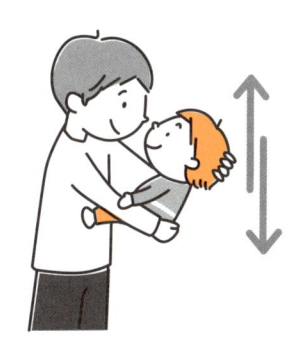

❹　U字状に揺らす

- 最初は，子どもを向かい合わせに抱き，子どもU字状に左右に大きく振ります。次に，子どもを外向きに抱き，同様にします。

楽しくあそぶポイント

- 「右回りだよ，次は左回りだよ」「ぐるぐる〜」などと声をかけたり，歌を歌いながら動いたりすると，一緒に楽しむことができ，子どもとコミュニケーションを取ることができます。子どもの表情をよく見て，怖がっていないか確認します。そして，声をかけながら動いていきましょう。
- たかいたかいをするときには，落下に注意です。脇の下をしっかりと持ち，親の頭以上に子どもを上げないように気をつけます。
- 向かい合って抱っこする場合は，脚を開かせて，首の後ろとお尻をしっかり支えて密着するようにします。外向きで抱っこする場合は，片手を脇の下から股の方へ回して持ち，反対の手で子どもの体を支えます。
- どのような動きでも，激しくしてしまうと脳がダメージを受けてしまうので，優しくゆっくりしましょう。
- 特に，首の座りがしっかりしていない子どもを激しく動かしてはいけません。

あそびのアレンジ

- うつぶせに抱っこして，前後に揺らします。子どもがスーパーマンのように空を飛ぶようなイメージです。激しく揺らして落とさないように注意が必要です。
- 子どもを座らせた状態で抱っこし，ブランコのように前後左右に揺らすのも楽しいです。

あそぶと何が発達するの？

➢ 「たかいたかい」や，「抱っこ」は，前後や左右，上下の揺れを組み合わせながら揺れを感じることで，三半規管（平衡感覚を司る器官）が刺激され，前庭覚（＝平衡感覚，揺れや回転，地球の引力を感知する感覚）が発達します。揺れに対して恐怖を感じてバランスが取れない子どもも，小さな揺れから取り組み，何回も繰り返すうちに不安定な感覚に慣れていきます。

➢ 「たかいたかい」や「抱っこ」は，親子の触れ合いの時間となり，アタッチメント（愛着）の形成にも役立ちます。アタッチメントの形成は，子どもの健全な発達の基盤です。子どもが丈夫な心や身体に成長するには，とても重要です。

V-39 バランスボール運動

✤ 子どもの感覚運動発達に合わせて遊びます。

✤ 親子で身体遊びをして，子どもの感覚運動発達を促すとともに，親子で身体を触れ合って遊ぶことによって，子どもは親との一体感を感じていきます。

❶ 親の膝に座らせて揺らす

- バランスボールに乗った親の膝の上に，子どもを親と向かい合わせに座らせて，上下左右前後に動かします。
- 次に，子どもを外向きに抱き，同様に動かします。

❷ 子どもをボールに乗せて揺らす

- 子どもをバランスボールの上に乗せて，親が子どもの足の付け根や身体を支えながら，上下前後左右に揺らします。

楽しくあそぶポイント

- 子どもの表情を見て，怖がっていないかを確認しながら動かしましょう。
- バランスボールに恐怖心をもっている場合は，一緒にボールをたたいたり弾ませたりして，慣れることから始めます。
- 子ども自身で体重を支えることができるように，安全面に注意しながら最低限の支えにするように調節しましょう（脇を支えるだけでなく，足の付け根を支えるなど）。
- 目を合わせて言葉をかけ，視線が下がらないようにします。
- 「楽しいね」「右！ 左！」などと声をかけたり，歌を歌いながら動いたりして一緒に楽しむと，子どもも楽しさを味わうことができます。
- 子どもがバランスボールの上から落ちないように，しっかりと支えますが，支えすぎにも注意です。子どもが自分で体を支えることができるように調整します。

あそびのアレンジ

- 「② 子どもをボールに乗せて揺らす」からの発展として，一人の親が子どもを支え，もう一人の親がバランスボールをたたきます。振動を感じることで，より子どもは楽しむことができます。
- 同様に，もう一人の親が子どもの向かいに座り，前後に動かします。子どもが出した手に触れながら，コミュニケーションを図っていきます。

あそぶと何が発達するの？

➣ バランスボール運動では，弾性を利用した上下の動き，ボールの転がりと体の重心をずらすことで生まれる前後左右の動きが合わさることで，体に多様な方向の動きを与えることができます。この不安定な感覚を感じることで三半規管が刺激されます（前庭覚への刺激）。

➣ 様々なバランスに対してボールの弾力性を利用しながら適切な姿勢を取ることで，体幹や手足の位置を調節する感覚も刺激され（固有受容覚への刺激），筋緊張も高めることができます。

V-40 ブランケット ブランコ

❖ **子どもの感覚運動発達に合わせて遊びます。**

❖ 親子で身体遊びをして子どもの感覚運動発達を促します。また，子どもは，親に揺らしてもらうことで，親に遊んでもらう心地よさを感じていきます。

❶ 左右に揺らす

● タイミングを合わせて，左右にブランケットを揺らします。

❷ 上下に動かす

❸ 前後に揺らす

楽しい？いいね〜

ポンポン
ハンポン

❹ 上記の3方向を10回繰り返す

● 楽しくなったら，10回以上連続してもよいでしょう。

- 子どもの表情を見ながらゆっくり揺らし，ブランケットブランコに慣れてきたら速さや揺らす向き（前後，左右，上下）を調節します。
- 揺らすときに，音楽をかけたり歌ったり，「楽しい〜？」「いいね〜！」などと言った声かけをしましょう。声をかけると，子どもが安心してブランケットブランコを楽しむことができます。
- ブランケットブランコは，不安定な場所で姿勢を取るのが苦手な子どもや，包まれる感覚に安心感を抱く子どもに向いています。
- しかし，子どもが恐怖心をもっている場合は，無理をしないようにしましょう。まずはブランケットで遊び，ブランケットは楽しいものという印象を与えることから始めます。
- 子どもをブランケットに包むときに，手や足がブランケットの外に出ていると，落下してしまう恐れがあるので，注意します。

- 「ブランケットブランコをしているときに，子どもの体を触って刺激したり，揺れに合わせて「いないいない〜，ば〜」と声をかけたりすると，子どもがより楽しむことができます。
- 公園などに大きめのブランコがある場合は，親と一緒に乗り，揺れに慣れていくとよいです。
- ブランケットでする前に，抱っこで同じ動きをするのもよいです。

あそぶと何が発達するの？

➤ ブランコ運動は前後や左右，上下の揺れを組み合わせながら揺れを感じることで，三半規管（平衡感覚を司る器官）が刺激され，前庭覚（＝平衡感覚，揺れや回転，地球の引力を感知する感覚）が発達します。揺れに対して恐怖を感じてバランスが取れない子どもでも，小さな揺れから取り組み，何回も繰り返すうちに不安定な感覚に慣れていきます。

➤ ブランコに慣れて乗れるようになると，前庭覚が順調に活動し，姿勢の維持や調節もできるようになり，筋緊張を高めることもできます。また，ブランケットブランコは，乗っているときに布をつかんだり，足を使ってブランコを動かしたりするなどの動作が筋力の調整につながるため，固有受容覚（筋肉や腱，関節の中にある感覚のセンサーのようなものの総称）を刺激することもできます。

V-41　トランポリン

✤　子どもの感覚運動発達に合わせて遊びます。

✤　親子で身体遊びをして子どもの感覚運動発達を促します。また，子どもは，親と同じ動きをすることによって，楽しいという気持ちを共有するようになります。

子どもに合わせた方法を選んで遊ぼう！
子どもをトランポリンに乗せたときに立とうとしたら「立位」，安定して座れるなら「座位」，どちらも難しいなら「仰向け」で始めます。

❶ 立　位
● 親がトランポリンの上に乗り，一緒に跳びます。

❷　座位／仰向け

- 子どもが座位や仰向けの時は，親がトランポリンを手で揺らします。
- 子どもが大きな揺れに慣れた様子だったら，親が「座位」や「立位」で跳んで揺らします。

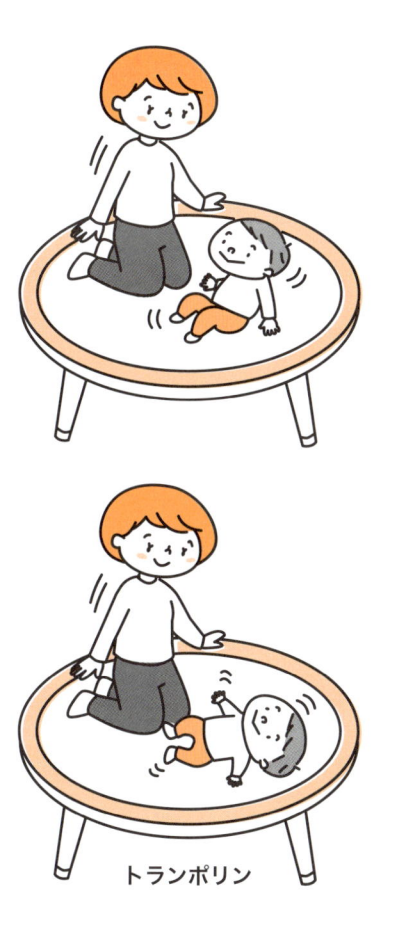

トランポリン

❸　歌いながら跳ぶ

- 好きな歌を歌って，リズムに合わせてジャンプすると楽しいです。

- 安心感を与えるために子どもとアイコンタクトをとりながら行いますが，子どもが不安になっていないか確認しながら行いましょう。子どもに声をかけて顔が下に向かないようにするといいです。
- 「座位」のときは，子どもが揺れに対して上半身を傾けてバランスをとったり，手を下についたりしているかを確認し，その様子によって揺れ幅を調節します。
- 「立位」のときは，ジャンプをしているときに子どもが膝や足首を屈伸しているかを確認し，できていない場合は指さしで示したり，直接触ったりしてどこを屈伸すればいいのかを，その都度教えてあげます。
- 立位の場合は，ジャンプしたまま床に落ちてしまうこともあるため十分に注意してください。また，手をつないでジャンプする場合には子どもの手を子どもの顎以上に上げないでください。
- 子どもが慣れてきたら，音楽を歌いながら，リズムに合わせて揺らすとさらに楽しくなります。

あそぶと何が発達するの？

➢ トランポリン運動は，弾力性や反発力を利用した上下運動に
よって前庭覚を刺激することができます。また，不安定な場所
で様々な揺れに対して，座位の状態で上半身を傾けて重心移動
（立ち直り反応）をしたり，四つん這いの姿勢をします。このよ
うに全身を使った姿勢保持は筋緊張を高めるのに有効的です。

➢ トランポリンの上で跳ねるとき，人間は自然と関節を曲げたり
（屈筋群），伸ばす動作（伸筋群）をします。屈筋群と伸筋群を
同じ段階で収縮させ，関節を一定の位置で固定する働きをする
ことを同時収縮といいます。固有受容覚の情報を外部から受け
て適切に反応すること，そして，関節の安定と姿勢の安定を図
るためには同時収縮を発達させることが必要になります。

Ⅴ-42　コップ遊び

❖　子どもの感覚運動発達や認知発達に合わせて遊びます。

❖　親子で手先を動かす遊びをして，子どもの微細運動の発達を促します。また，色や形を意識しながら遊ぶことによって認知発達を促します。

親がコップを重ねる見本を示し，子どもに真似させます。

❶ コップを重ねる

- コップをつかんだり，放したりします。
- コップを重ねたり，積み上げたりします。

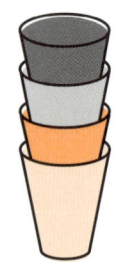

❷ タワーを作る

- 色別にわけたり，逆さまにしてタワーを作ったりします。

❸ ボールを入れる

- コップにボールを入れてアイスクリームに見立てて遊びます。

- 積み上げられたコップを崩す，コップをつかむ→放すの動作を繰り返す，コップを重ねる，色ごとに重ねる，コップを積み上げてタワーを作るなど発達段階に合わせた様々な遊び方があります。
- はじめはコップに触っているだけでも，触っているうちにコップの形を理解し重ねることができることを学びます。
- 様々な色のコップがあるので色の認識をしながら遊ぶことができます。「これは赤だね〜」と子どもにコップを見せながら赤という言葉を強調して話すことで，これは赤という色なんだと認識させます。

あそぶと何が発達するの？

➤ つかむ，つまむ，放すの動作の練習，指先に力を入れたり，力を抜く練習になります。

➤ 子どもによって色の好みが分かれるので，どの色で反応するのかを観察すると，反応が薄い子どもの様子がわかるきっかけになります。

V-43 洗濯バサミ遊び

❖ 子どもの感覚運動発達や認知発達に合わせて遊びます。

❖ 親子で手先を動かす遊びをして，子どもの微細運動の発達を促します。また，色や形を意識しながら遊ぶことによって認知発達を促します。

親が洗濯バサミを挟む見本を示し，子どもに真似させます。

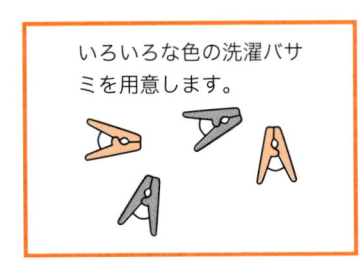

いろいろな色の洗濯バサミを用意します。

❶ 洗濯バサミをつまむ／挟む

● 洗濯バサミをつまんで物を挟むという動作をしてみます。

❷ 洗濯バサミで挟む／はずす

● 洗濯バサミをつまみ，挟む動作が難しい場合は，親が子どもの服に洗濯バサミをつけ，それを子どもが自分ではずすという遊びにします。はずすことができるようになったら，次に，挟む動作もしてみましょう。

● 子どもの服の次は，親の服でもやってみます。

❸ 紙皿やコップを挟む／はずす

● 挟む／はずすの動作に慣れてきたら，紙皿や紙コップを洗濯バサミで挟み，それをはずすという遊びにします。

楽しくあそぶポイント

● 子どもが自分の衣類からはずすことに慣れてきたら，今度は親の服につけ，「ママのもとって〜」などの言葉かけをしながら遊ぶと，やりとりもでき楽しく遊べます。

● 紙皿をライオン，コップをタコなどに見立ててイラストを描くと，視覚から興味を誘うことができ，楽しく遊べます。洗濯バサミをとめるところに色をつけたり，シールをつけると，どこに洗濯バサミをとめるかがわかりやすくなります。

● 様々な色やより硬い洗濯バサミを用意すると難易度が上がり，さらに楽しめます。

あそぶと何が発達するの？

➢ つまむ，挟む，はずすの動作の習得と連動性を身につけられます。

➢ 手先の巧緻性を高めることができます。

➢ 目と手の協調性を高めることができます。

➢ さらに色分けができると色彩の認知にもつながります。

V-44 キャップ落とし チェーン落とし

✣ 子どもの感覚運動発達や認知発達に合わせて遊びます。

✣ 親子で手先を動かす遊びをして，子どもの微細運動の発達を促します。また，形を意識して穴に入れるという手と目の協調性を育てます。

親が穴に落とす見本を示し，子どもに真似させます。

❶ キャップやチェーンを穴に落とす

● 指先や手のひらを使い，キャップやチェーンをつかんだり，つまんだりして，穴に入れたり出したりして遊びます。

テープでくっつける

ペットボトルのキャップ

＊II-15（40ページ）でも使うもの

楽しくあそぶポイント

● まずはキャップやチェーンに興味がもてるように，子どもの手のひらに置いたり，転がしたりして遊びます（このとき，握る動作ができているか

見ます)。

- 遊ぶ中で親が穴にキャップやチェーンを落として楽しそうに遊ぶ様子を見せます。
- 子どもが興味をもったら穴に落とすのを見守り，成功したら喜んだり，ほめたりします。うまく入れられない場合は親が手を添えて一緒に入れます。うまく落とせたら一緒に喜びます。

あそびのアレンジ

- 落とすものは，最初はボールなどつかみやすい大きいサイズで行います。子どもの発達に合わせてキャップなどの小さいものにすることでつかむ動作から摘む動作に変えることができます。
- 穴の大きさを落とすものと同じくらいか少し大きいくらいにすることで，押し込む力が必要になり，指先や手のひらの力をつける練習になります。難易度はその子どもに合わせて調節してください。
- 穴の形を三角や丸，四角などの落とすものの形に変えることで，物の形を穴の形に合わせなければ物を落とすことができないようにすると難易度が高くなります。
- 鈴をつけたひもや鈴単体など音の鳴るもので遊ぶと楽しいです。

あそぶと何が発達するの？
- ➢ つかむ，つまむ，放す動作の練習になります。
- ➢ 「物をつかみ」，「穴に入れる」という2つの動作を同時に行う練習になります。
- ➢ 手先で調節して穴の位置を定める動作をすることで手先の可動性を高めることができます。
- ➢ 目と手の協調性を高めます。

V-45 穴通し

> ❖ 子どもの感覚運動発達や認知発達に合わせて遊びます。
>
> ❖ 親子で手先を動かす遊びをして子どもの微細運動の発達を促します。

親が先にひもを通す見本を示し，子どもに真似させます。

❶ 穴にひもを通す

● 穴にひもを通して遊びます。

> 紙に開けた穴，フタにあけた穴，トイレットペーパーの芯など，様々な素材に穴をあけたものを用意します。

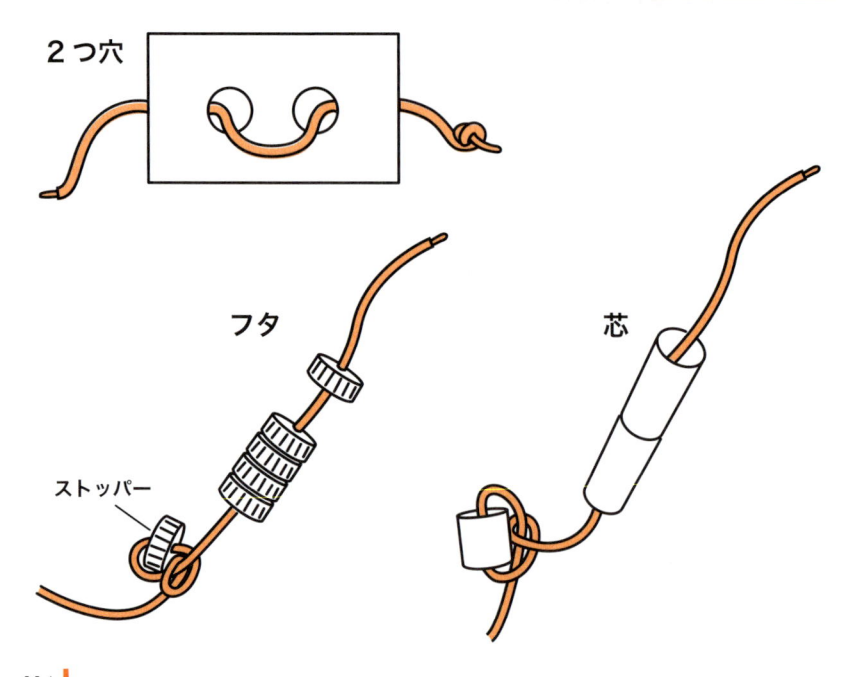

２つ穴

フタ

ストッパー

芯

楽しくあそぶポイント

- 子どもが穴を見ながらひもを通せるように声をかけたり，指をさしたりして，穴に注意を向けさせます。
- 穴通しが苦手な子どもの場合は手を添えて一緒にやってあげます。
- 穴のふちで手を切らないようにマスキングテープなどで覆います。
- 無理にやらせず子どものやる気や興味に合わせて行ってください。

あそびのアレンジ

- ひもを通すものにカラフルなマスキングテープやシールを貼ったり，穴の形をハートや星などにして，目で見て楽しめるものにすると子どもも興味をもって遊ぶことができます。
- 穴の形を星やハートなどにすると，子どもが穴に注目しやすくなり，遊びのきっかけになったりします。
- 穴にひもを通して模様になるものにすると子どもにも完成がわかり，模様の完成を目指して遊びを行うことができます。

あそぶと何が発達するの？

- ➢ 目と手の協調性を高めることができます。
- ➢ 手先の微細な動きの練習になります。

第2章　グループで行う親子ふれあい遊び

- 複数の親子が集まって遊びます。
- 親子単位で遊びますが，他の親子と同じ場所で遊んでいるという雰囲気を感じることに意義があります。
- 発達支援センター，保育園，幼稚園で行うことはもちろん，子育てグループやサークルなど親子が集まる場で是非やってみてください。
- 文中では「先生」と書かれていますが，全体に指示を出す役割の人を総称しています。その場のリーダーやファシリテーター，また親が交代で役割を担ってもよいでしょう。複数の親子がグループで同じ遊びをするのにうまくいく方法を考えてください。
- やさしい遊びから順に掲載されています。その場に集まった子どもの様子に合わせて遊びを選びます。

Ⅵ　人や物に関心をもつ遊び

- ●『人との関わりが苦手な段階の子ども』や『人と少し関われる段階の子ども』を対象にした遊びです。
- ●複数の親子で集まって，親子単位で同じ遊びをします。
- ●親子単位で遊びますが，他の親子が同じ遊びをしている雰囲気の中で遊ぶと，それに影響を受けるようです。家庭とは違った様子が見られることがあります。
- ●人との関わりが苦手な子どもは，遊びに参加できないかもしれませんが，他の子どもと同じ場にいる雰囲気を感じるだけでいいです。
- ●遊びの手順通りにできない子どももいます。親がサポートしていきましょう。親にサポートしてもらって親子で遊ぶこと自体が，子どもにとって素晴らしい機会になります。

VI-46 ぺたぺたシール

- ❖ 複数の親子で集まります。
- ❖ 親子ごとに遊びますが，他の親子と一緒の場で同じ遊びをすることを経験することが大事です。

❶ 子どもの身体にシールを貼る

- シールを「貼るよ〜」と子どもの目の前にシールを示し，子どもの身体や顔に貼っていきます。

❷ シールに気づかせる

- 何枚か貼ったら「足についているよ」「手についているよ」と言いながら指さしをして気づかせていきます。

❸ シールをはがす

- 子どもがシールをはがしたら，親は「ちょうだい」と言って，子どもにシールを渡すように促します。
- 親は，子どもからシールを受け取り「ありがとう」と言葉をかけます。
- 子どもが親にシールを渡せない場合，親は自分で子どもの持っているシールを取りにいき，子どもがあたかも渡したかのように「ありがとう」と言って，やりとりを楽しみます。

❹ 繰り返し遊ぶ

- ちがう場所に貼って繰り返し楽しみましょう。

楽しくあそぶポイント

- 子どもにシールを貼ったり，はがしたシールを受け取るときには，「楽しさ」が伝わるように，少し大げさに言葉を返していきます。
- 「お母さんの手に貼って」「足に貼って」「ほっぺに貼って」などと子どもに声をかけます。貼ってくれたら「上手に貼れたね！」「ありがとう！」と，顔をしっかり見てほめ言葉をかけます。この遊びを通して，人と関わる機会をたくさんもつことができます。
- 身体の名前を伝えながら行うと，自分の身体の名前に気づくきっかけになります。
- シールを直接肌に貼る場合は，他の物に貼ってはがすなどを繰り返し，粘着力を弱くする工夫をしておきます。

あそびのアレンジ

- ビニールテープを貼って模様を作る遊びです。端を少し折り込んだビニールテープを窓やアクリル板に貼っておきます。傘，花の中央部分，洋服などの輪郭を描いた画用紙を用意します。
  - ➤ 長いテープであれば，雨や花びらの模様にします。「雨だね」「花びらにしよう」と声をかけて，傘や花の輪郭が描かれた画用紙に一緒に貼っていきます。
  - ➤ 短いテープであれば，洋服の模様にします。「○○ちゃんのお洋服に模様をつけよう」と声をかけて，画用紙に描かれた洋服の輪郭の中に貼るように促します。

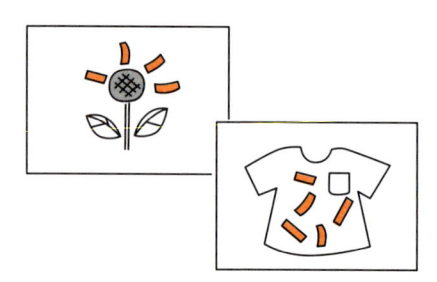

あそぶと何が発達するの？

➤ シールを身体に貼ることによって，貼ってある身体の場所に意識を向けることができます。また，繰り返し遊ぶ中で，身体の名称を理解することにつながります。

➤ この遊びを通して，相手が指さす方向を見る「指さし追従」，相手に物を渡す「手渡し行動」，相手の働きかけに対する「応答性」という社会的コミュニケーションの基礎が育まれます。

➤ 指先でシールをはがす，貼るという行為は，微細運動の発達を促します。

VI-47 リズムにのって リトミック

- ❖ 先生の周りに親子で集まります。
- ❖ 先生が太鼓をたたき，それに合わせて親子で手をつないで歩きます。手をつなげない子どもは親が子どもの近くで歩くだけでよいです。

❶ 子どものリズムに合わせて太鼓をたたく

- 子どもの歩くテンポに合わせて，先生が太鼓をたたきます。
- 親は子どもと手をつないで太鼓のリズムに合わせて歩きます。

❷　太鼓をたたくリズムを変える

- 親子でリズムに合わせて歩くことに慣れてきたら，太鼓をたたくリズムを変えます。今度は，そのリズムに合わせて歩けるようにサポートします。

❸　繰り返し遊ぶ

- 太鼓をたたくリズムを変えて，親子がそのリズムに合わせて歩くことを何回か繰り返します。
- リズムのパターンを決めてたたくとわかりやすいです。

- 子どもの様子を見ながら，太鼓を速くたたく，ゆっくりたたくなど，ランダムに速度を変えていきます。リズムを変えてたたくときには，先生が「速くたたくよ」「ゆっくりたたくよ」と，事前に声をかけながら楽しい雰囲気を作っていきます。
- 途中で音を出すのをやめて，子どもに「おやっ！？」と気づかせることもよいでしょう。
- 子どもが太鼓のリズムに合わせて歩くことが難しいときには，親子で両手をつないで一緒に動いてみましょう。そのとき，「ぴょんぴょん」などと擬音語や擬態語を使うとどのような動きをすればよいかがわかりやすいです。
- 触覚に過敏さがある子どもが，手をつなぐことを嫌がる時は，無理に手をつなぐことはせずに，親の近くにいる，親と一緒にロープをもつなどの工夫をします。

あそびのアレンジ

- 走る，歩くではなく，音に合わせて床の上をゴロゴロ転がる，四つん這いで歩くなど，移動する動作を変えるのも楽しいです。
- 太鼓の音が止まったら，床に寝転がる，その場に止まってジッとするなど少しずつルールを加えていくとよいでしょう。

あそぶと何が発達するの？

➢ リズムに合わせて，身体の動きをコントロールする力を育てます。

➢ 身体の動きをコントロールできることは，相手の行動に合わる力を育てることにもつながります。少しでも合わせられたら，子どもの好きなほめ方でほめていきます。

まねっこポーズ

『人と関わることが苦手の子ども』や『人と少し関われる子ども』におすすめ

- ♣ 先生の周りに親子で集まります。
- ♣ 先生の合図で，親子でまねっこポーズをします。
- ♣ 親子ごとに遊びますが，他の親子と一緒の場で同じ遊びをすることを経験することが大事です。

❶ 歌いながら子どもの前に立つ

- 先生が「まねっこまねっこまねっこポーズ♪」と手拍子をして歌いながら（好きなメロディでよい）親子の前に立ちます。
- 親も一緒に歌いながら，子どもの顔を覗き込むようにして，親に注目させていきます。

❷ 親が好きなポーズを子どもに見せる

- 歌い終わり，先生が「ストップ」と声をかけたら，子どもの前で親は自分の好きなポーズを取ります。

真似ができなくても子どもが注目していたら笑顔で「そうそう！ポーズだよ」などと肯定的に声をかけていきましょう。

❸ 親子でハイタッチ

- 子どもが真似できたら，親は「おんなじね！」と言って，子どもとハイタッチをします。

子どもはハイタッチが大好きです。上手に真似ができなくてもハイタッチで喜びを共有していきましょう。

❹ 何回か繰り返す

- 子どもによって反応するまでの時間がちがうことを考慮しましょう。

- 「まねっこまねっこ　ハイポーズ♪」と同じフレーズを繰り返すことや，「3回歌う」→「ストップ」→「ポーズ」のルーティンを作っておくと，子どもが見通しをもって行動しやすくなります。
- 真似ができない子どもには親が身体援助をしてポーズを取らせます。応じないときには無理強いせず，親がポーズをやって見せながら「○○のポーズだね」と実況中継のように解説していきます。

あそびのアレンジ

- 数人の友だちと一緒に一人の親のポーズの真似をしてみます。皆と一緒を意識することができます。
- 親の真似が安定してできるようになったら，親子の役割を交代します。子どもがポーズを考えて，親がそれを真似してみます。
- その際，子どもが自分でポーズを考えることが難しいなら，動作の絵カードを何枚か用意して，そのポーズを真似するようにします。
- ハイタッチできない子どもには，親から子どもの手に合わせにいきます。そして，徐々に子どもが親の手の位置に合わせられるようにしていきます。それができたら，手の位置をあちこち動かして，子どもが「相手に合わせる」ことができるようにします。

あそぶと何が発達するの？

➢ 子どもは，大人の言動を真似することでいろいろなことを学んでいきます。動作模倣ができるということは，相手への関心や，相手に注意を向ける力が育っていることになります。

➢ 大人の動きを真似るだけでなく，逆模倣（大人が子どもの動きを真似る）をして「真似されている」ことに気づかせていきましょう。

➢ 社会性の第一歩として，相手と同じにすることが「楽しい，うれしい」という気持ちを育てていきます。

VI-49 どうぶつの親子 まねっこ親子

- ✤ 先生の周りに親子で集まります。
- ✤ カードに描かれている動物のまねを親子でします。
- ✤ 親子ごとに遊びますが，周りの親子が動物の真似をしている場の雰囲気を感じて，子どももやってみようという気になります。

❶ 絵カードを子どもに選ばせる

- 先生が持っているカードを子どもの前に広げ，「好きなカードを選んでね」と声をかけ，子どもに1枚選んでもらいます。

えらんでね

動物の親子カード

これ！

❷ 親子で絵カードと同じポーズをする

● 親は子どもが選んだ動物親子の絵カードを見ながら，子どもと一緒に動物の親子と同じポーズをします。ポーズができたら，子どもが好きな歌を歌います。

〈動物親子のポーズ例〉
＊コアラ (おんぶ)
＊カンガルー (抱っこ)
＊カメ (四つ這いになった親の背中に子どもをのせる)
＊さる (親の足の上に子どもの足をのせて歩く)
＊うさぎ (ジャンプ)　など

❸ 何回か繰り返す

● 子どもが喜ぶ動物ポーズがあったら，「もう一回」と要求を引き出すように働きかけます。

楽しくあそぶポイント

- 遊びを始める前に，先生が，動物の親子カードに描かれたポーズのモデルを見せると，親も子もポーズが取りやすくなります。
- うまくポーズを作れない子どもには，親が手を添えて援助していきます。応じないときには，無理強いせずポーズをそばで見せながら「○○のポーズだね」と実況中継のように解説していきましょう。
- 先生は，個別に「○○ちゃんのカメさんかっこいい！」「カンガルーの親子仲良しね！」など，肯定的な声をかけて，盛り立てていきます。
- 触覚に過敏さがある子どもは触れられるのを嫌がるので無理強いしないようにしましょう。

あそびのアレンジ

- 一つの絵カードを選び，みんなで同じポーズをするのも楽しいです。「○○ちゃんと同じ動物になってみよう！」と，友だちの動きに注目させます。それにより，他者に注意を向け，関心を示すことを促します。少しでも子どもが真似できたら「楽しいね」「同じだね」と声をかけて，真似することが楽しいことに気づかせていきます。

あそぶと何が発達するの？

➢ この遊びは，子どもが一人で勝手に動くのではなく，相手の動きに合わせる力が必要です。

➢ 自分の身体を「どう動かしたら，どう動くのか」という身体的意識やボディイメージをもつことにつながります。

➢ 適切な援助をしながら一緒に動くことを伝えていきましょう。少しでもできたら，その子の好きなほめ方でほめていきます。

➢ この繰り返しが，自分の欲求だけに従った行動から，他者からほめられたいという承認欲求に変わっていきます。

VI-50 ロケット発射

『人と関わることが苦手の子ども』や『人と少し関われる子ども』におすすめ

- ✤ 複数の親子で集まります。親子で向かい合わせになり両手をつないで始まるのを待ちます。
- ✤ 親子ごとに遊びますが，他の親子と一緒の場で同じ遊びをすることの雰囲気を経験していきます。

❶ ロケット発射！

- 親は子どもと向かい合わせになって「いくよ」と声をかけます。
- 親が子どもの両脇をもって「〇〇ちゃん，ロケット発射します！　3，2，1，0，発射！」と言って『たかい　たかい』をします。
- そのときには子どもの顔をしっかり見ることが大切です。

〇〇ちゃんロケット
発射します！
3・2・1・0発射！！

❷ 『たかい　たかい』をする

● 『たかい　たかい』をしたまま「1，2，3」と数を数えて，そっと床に子どもを降ろします。降ろしたら「楽しかったね！と声をかけていきます。

❸ 何回か繰り返す

● 子どもが「3，2，1，0，発射！」と言えるようになったら，子どもの声に親が合わせて，親子で一緒に言うようにします。

楽しくあそぶポイント

● ダイナミックに全身を動かして遊びます。親が元気よく子どもに声かけて，楽しい雰囲気をつくっていきます。

● 「3，2，1，0，発射！」のかけ声のスピードに変化をつけることで，子どもの期待を外し「おやっ?!」と思わせる工夫をしていくと楽しいやりとりになります。

● 急に触れられると抵抗を示す子どももいます。始めるときに「いくよ」と声をかけて心の準備ができるようにすることが必要です。それでも嫌がる子どもには無理せず，ぬいぐるみで代用して動きを見せるようにしましょう。

● ロケットの発射の位置や，発射した後の高さを変えて遊んでみましょう。発射した後，そのまま子どもの脇を支えて，グルグルと回転させたり，ブラブラとブランコのように揺らすと，さらにダイナミックな遊びになります。着地の後に，子どもと一緒に床にゴロゴロと転がるなどして緩急をつけてもよいでしょう。

● 遊び方が分からない子どもには，親がぬいぐるみで遊んでいるところを子どもに見せます。子どもはそれを真似して，ぬいぐるみで「ロケット発射」の遊びをするかもしれません。このかかわりを通して，子どもはどのように遊ぶかがわかっていくことでしょう。

あそぶと何が発達するの？

➤　期待することや予測をもって行動することが育まれていきます。

➤　かけ声に合わせて大人に身体を動かしてもらう体験を積み重ねることによって，タイミングに合わせて自分の身体を動かすことができるようになります。

➤　かけ声に合わせて身体を動かすことができると，他の人とタイミングを合わせていくことができるようになっていきます。

Ⅶ　関わりややりとりを楽しむ遊び

- ●『人と少し関われる段階の子ども』や『人とやりとりができる段階の子ども』を対象にした遊びです。
- ●複数の親子で集まって，親子単位で同じ遊びをします。
- ●親子単位で遊びますが，他の親子がやりとりして遊んでいる様子に影響を受けて，家庭ではやらない子どもも友だちと同じようにやってみようと思うかもしれません。これがグループで行う効果です。実際にやらなくても見ているだけでも構いません。
- ●グループで遊んでいると，いろいろな子どもがいることがわかります。その中で，親は，他の子どもの評価に惑わされず，自分の子どもができたことはしっかりとほめましょう。そして，できないことについてはサポートして，楽しく遊べるように心がけます。
- ●グループで行う親子遊びですが，子どもの集団適応を目的にしているわけではありません。グループ活動の場を借りて，親子でやりとりしてふれあうことが目的です。子どもが集団に入るように無理強いしないように注意します。

『人と少し関われる子ども』や『人とやりとりできる子ども』におすすめ

- ✤　複数の親子で集まります。
- ✤　親子で遊びますが，他の親子と一緒の場で同じ遊びをすることで，他の親子の歓声や行動を間近に感じることができ，一層盛り上がります。

❶ 風船を膨らます

- ●親が風船を子どもの目の前で膨らませて，わくわくと期待感をもたせます。

❷ 風船を投げる

- 親は子どもの目の前に立って「いくよ！」と声をかけ，笑顔でそっと風船を子どもの方に投げます。

❸ 風船をつかむ

- 子どもが風船に手を伸ばしたら「キャッチ！」と声をかけ，風船をつかむタイミングを知らせます。

❹ 風船を親に渡す

- 風船をつかんだら「じょうず！」とほめます。その後すぐに，子どもの前で両手を広げて，「〇〇ちゃん，投げてちょうだい」と声をかけていきます。

❺ やりとりを繰り返す

● ふわふわした風船やシャボン玉は，子どもが大好きなアイテムの一つです。うまくキャッチできるように，タイミングよく声をかけて「できた」という気持ちをもたせていきましょう。

● 子どもが風船の動きに注目し，その動きの面白さがわかるように，ふわふわと動く風船の動きを実況中継のように伝えながら，楽しい雰囲気を作っていきます。

● 音があったほうが注目しやすい場合には，風船を膨らます前に中に小さな鈴や小さなビーズを入れます。軽い素材の鈴やビーズが入ることで，風船が動くたびに軽やかな音が鳴るので注目しやすくなります。

● 親子で遊ぶのに慣れたら，複数の大人と複数の子どもで一緒に遊びましょう。風船を投げるときには相手の子どもの「名前」を呼び，他の大人は近くにいる子どもに「〇〇ちゃん，風船とれるかな」とみんなで一緒に遊んでいることをわからせていきます。

あそぶと何が発達するの？

➢ 社会的コミュニケーションの発達を促すためには，大人が子どもの行動に合わせることから始め，徐々に子どもが自分の行動を調整して大人に合わせることができるように援助していきます。

➢ 風船はゆっくり動くため，やりとりがあまり上手でない子どもでも大人と風船の投げ合い（やりとり）ができます。この風船を使って，大人と楽しくやりとりする経験をさせていきましょう。

VII-52 お手玉投げ

『人と少し関われる子ども』や『人とやりとりできる子ども』におすすめ

- ❖ お手玉を入れる大きなカゴを持った先生の周りに親子で集まります。
- ❖ 親は子どもの後ろか隣に立ち，子どもがうまくお手玉が投げられる
  ようにサポートします。

❶ お手玉を入れるカゴを見せる

● 先生は大きなカゴを見せながら「ここに入れてね！」と伝えます。

ここに
入れてね～！

うん？

かご

❷　お手玉を子どもに手渡す

- 子どもにお手玉を一つ渡し，カゴに投げ入れるように指示します。
- 子どもがお手玉を投げたら，先生は子どもが投げた方向にカゴを合わせて，入るように調整します。そして，「入った！」「すごい！」「今度はここね！」などと声をかけ，テンポよく進めるようにしましょう。

❸　順番にカゴに投げる

- 子どもが大勢で投げる時は，先生が順番に投げるように指示します。
- 「〇〇ちゃん投げて」「次は〇〇ちゃんの番だよ」と言って，一人ずつ声をかけていきます。

- あてずっぽうにお手玉を投げる子どもには，カゴに向かって投げるように，「大きいカゴだよ」「こっち！　こっち！」と子どもが注目しやすく，子どもが理解できる言葉を使って伝えましょう。この遊びのねらいは，人とやりとりする楽しさを経験することです。お手玉がうまく入るように，大人が投げる方向にかごを動かしましょう。
- 前に投げることが難しい子もいます。そのときには，親が後ろからサポートして投げ方を教えます（下手投げの方が簡単にできる子が多いです）。
- 手先の動きが未熟な場合は，お手玉は片手で握れるサイズがベストです。興味をもって遊び続けるためには，子どもが扱いやすい道具を選ぶことも大切なポイントになります。

あそびのアレンジ

- みんなで遊んでいることや順番で遊ぶことを伝えるために，「△△ちゃんが投げているね！」「○○くんの次だよ！」などと，こまめに声をかけていきましょう。順番が来たら「よく待っていたね！　さぁ頑張って！」と声をかけることで「待つ」ことを伝えていきます。
- 慣れてきたら，友だちを応援することにも挑戦してみましょう。親が「今○○くんが投げるからね。『○○くん頑張れー！』って言ってみよう」など，声をかけていきましょう。

あそぶと何が発達するの？

➢ 目標に向かってお手玉を投げることで，コントロール能力を育みます。また，固定の位置にあるカゴではなく，大人が持っているカゴを目標にすることで，人とのコミュニケーションをとりながら遊ぶことができます。

➢ グループで遊ぶことで「順番」「交代」「待つ」という意識も育てていきます。

『人と少し関われる子ども』や『人とやりとりできる子ども』におすすめ

❧ 複数の親子で集まります。
❧ 親子単位で順番に遊びます。周りの親子が声援を送ってくれることを通して，みんなで同じ場で遊ぶ楽しさを感じることができます。

❶ ピンを並べる

● ペットボトルで作ったピンを並べます。最初は本数を少なくし，子どもとピンとの距離も短くします。

> 空のペットボトル10本程度（中にビー玉を何個か入れる），キャンディボールを用意します。

わく
わく

❷ ボールを転がす

- 親が子どもの後ろに両足を開いて座り，子どもが投げるのをサポートします。床に置いたボールを前に転がしてピンを倒すよう声をかけます。
- 子どもが嫌がらなければ，背面からサポートして，ボールを押し出す力加減を教えていきます。

❸ ピンが倒れたらハイタッチ

- ピンが倒れたら「たおれた！」「じょうず！」と声をかけ，楽しさを伝えていきましょう。
- 「次はどのピンを倒そうか？」などと問いかけ，やりとりを楽しみます。
- 一通りピンが倒れたら，親とハイタッチをして，達成感をもたせるとともに「終わり」を伝えます。

❹ 次の親子に交代する

楽しくあそぶポイント

- 子どもと一緒にピンを作ると，準備段階からやりとりが楽しめます。ピンに子どもの好きなキャラクターや数字などを描いておくと，ボールを転がす時に「3を倒そう」「くまさんを倒そう」と具体的に声かけすることができます。

- 事前にボールを「投げる」ではなく「転がす」ことができるか確かめます。遊ぶ前に大人と対面になって「転がしっこ」をするといいです。

あそびのアレンジ

- ピンを置く位置がわかるシートを用意しておくと，並べやすいです。さらに，ピンとシートの両方に数字を書いておくと数の理解につながります。投げる場所とピンの距離は子どもの様子を見て変えていきます。

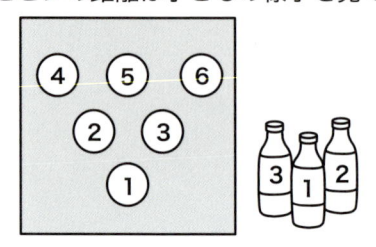

● 順番交代の理解が難しいときには，グループの人数を少なくして何グループかに分かれて楽しむようにします。また，順番交代をわかりやすくするために，待つ場所に椅子を置く，ボールを投げる人は帽子をかぶるなど，視覚的にわかりやすく環境を整えましょう。

● 一緒に遊んでいることを伝えるために，互いに声をかけあったり，友だちを応援したりすると，みんなで遊んでいる雰囲気が伝わります。

> あそぶと何が発達するの？
>
> ➤ 一人遊びよりみんなと一緒に遊ぶ方が楽しいことがわかることがこの遊びのねらいです。
> ➤ ピンを倒したときに周りの大人や子どもが一緒に喜んでくれたり，友達の応援をしたら周囲の大人にほめられたなどを経験することで，みんなと同じ場で遊ぶことの楽しさを体験します。
> ➤ この遊びは，ボールを転がしてピンを倒せば終わりになります。遊びの始まりや終わりが視覚的にわかりやすい遊びです。
> ➤ 目標を持って遊びをすすめる力を培うことにつながります。

新聞紙プール

『人と少し関われる子ども』や『人とやりとりできる子ども』におすすめ

❖ 複数の親子で集まり，親子で新聞紙プールの準備をします。
❖ 新聞紙プールが出来上がったら，子どもたちはプールに入り，親は
プールの外から楽しくなるように声かけします。

❶ 新聞紙プールの準備をする

● 親は「びりびりするよ〜」と言いながら新聞紙をゆっくり破く様子を見せ
ます。その後，子どもに「びりびりしてみよう」と声をかけて，親子で一
緒に破きます。

❷ 破いた新聞紙を新聞紙プール（箱）に入れる

- 親は，破いた紙を入れる新聞紙プール（箱）を示し，楽しい雰囲気で活動できるように「どんどん入れてね」と「たくさん入ったよ」「フワフワだね」などと声をかけていきます。

❸ 子どもが新聞紙プール（箱）の中に入る

- 箱の中の新聞紙がある程度の量になったら新聞紙プールの出来上がりです。
- 子どもが数人ずつ中に入ります。
- 深さはなくても，広い面積で全体が覆い隠れるくらいになるだけで楽しめます。

子どもが箱の中に入ってからもいろいろな遊びが楽しめます。

- 箱の外から親が新聞紙を頭の上からパラパラとかけて感触を感じさせる，中に入っている新聞紙の両端をもって引っぱりっこするなどです。
- 子どもに箱の中で足を動かすように伝え，自分の足の動きで紙が動く感覚を楽しませます。また，「友だちと一緒に足を動かしてごらん」などと声かけして，友だちと一緒に遊ぶ楽しさを経験させます。
- 新聞紙のインクで汚れるのを嫌がる子どもや新聞紙の独特のにおいが苦手な子どもには無理強いしないよう配慮します。

あそびのアレンジ

- 子どもが「ちょっと頑張ったらできた！」という達成感が味わえるように，新聞紙の破りやすい方向を考えて渡すようにします。
- 箱の中に数人の子どもが入ったら，子どもの頭の上から，破いた新聞紙をシャワーのように振りかけて，いつもとは違った感覚を楽しませていきます。その時に「いくよ，3・2・1・0」と声をかけると，期待する気持ちと心の構えが育っていきます。

あそぶと何が発達するの？

➤ 遊びの準備段階から，親や友だちと一緒に活動することが経験できる遊びです。準備段階から意識して，見通しをもてるような言葉をかけていきましょう。自分から，人に関わりをもつことが苦手な子どもでも「新聞紙」などのモノを介してみんなと同じ場にいられることも多いです。

➤ 遊びの中で，「一緒にやろう」「いくよ〜」「いいよ〜」など，人と関わるときに使う言葉が使われます。何度も聞くうちに子どもが自分でも言えるようになるでしょう。

➤ 新聞紙が入った箱の中に体がすっぽり覆われ，落ち着いた状態で人と向かい合うことができます。自然に視線が合うこともあります。

VII-55 大玉風船

『人と少し関われる子ども』や『人とやりとりできる子ども』におすすめ

❖ 親子で手をつないで，円を作ります。
❖ 先生は，大玉風船を準備して，親子に渡します。

❶ 大玉を準備する

● 先生があらかじめ大玉風船を作っておきます。

大玉風船を作るための
45ℓか70ℓサイズのポ
リ袋を用意します。

よいしょ！

オォー

なんだろう？

❷ 大玉を見せる

- 作っておいた大玉風船を見せながら「大きな風船をみんなに渡すよ！」と声をかけ，子どもにわくわく感をもたせます。
- わくわく感がもてるように，大玉風船を頭の上や胸の前など，場所を動かしながら笑顔で声をかけます。

❸ 親子で大玉風船を投げ合う

- 大玉風船を親子で投げ合います。
- 投げるときは，必ず，親が子どもに向けて「○○ちゃん」と名前を呼びながら，大玉風船を投げます。子どもが両手でうまく受け取れるように，その子の親がサポートします。投げる親は，子どもがうまく受けられるように力加減して投げるようにします。
- 子どもが大玉風船を受け取れたら，全員で拍手をします。
- 他の子どもに対しても同じことを繰り返し行います。床に落とさないように何回続けられるか挑戦するのも楽しいです。

楽しくあそぶポイント

- 大人は風船を投げるとき，「いくよ〜」とほんの少しオーバーアクションで投げて，子どもが風船に注目するようにします。
- 風船を受け取ることができたら「大きい風船，抱っこできたね！」とほめたり，「受け取ってくれて○○ちゃんが喜んでいるよ」と，投げた相手の気持ちを伝えていくことで，一緒に遊んでいることを意識させます。
- 大きなものが苦手な子どももいます。その場合には無理強いせずに，親や友だちの様子を見るところから始めましょう。

あそびのアレンジ

- 大玉風船に，子どもに馴染みのあるキャラクターを描いたり，風船を顔に見立てて目鼻などを描いておくと，興味をもって参加できます。

- 「投げる」「受け取る」ことが苦手な子どもが多い場合は，ボール送りのように，落とさないで送るという遊びに変えてもよいでしょう。

- リレーのように，親子で大玉風船を持って一周走ったら（あるいは歩いたら），次の親子に渡す「大玉風船運び」にしても楽しいです。

- ポリ袋2枚をテープで貼り合わせて，さらに大きい風船を作っても楽しいでしょう。

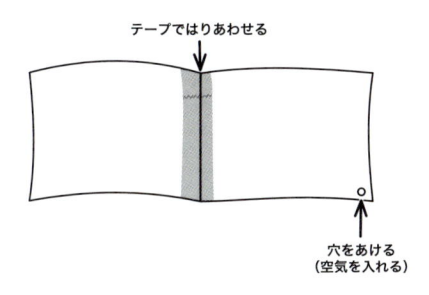

テープではりあわせる

穴をあける
（空気を入れる）

あそぶと何が発達するの？

- ➤ 名前を呼ぶ・呼ばれることで対人意識を育てていきます。また，名前を呼ばれると同時に大玉風船が自分の目の前にくるというインパクトがあると，自分の名前を認識しやすくなります。

- ➤ 子どもが興味をもっているものを大玉風船に描くと，子どもは意欲的に遊ぶようになります。これが，うまく遊べるようになることの大前提です。

VII-56 どうぶつさんになって遊ぼう

『人と少し関われる子ども』や『人とやりとりできる子ども』におすすめ

- ❖ 先生の周りに親子で集まります。
- ❖ 最初に先生が手本を示し，その後親子で遊びます。
- ❖ 親子ごとに遊びますが，みんなで同じ遊びをすると一層楽しいです。

❶ 先生が手本を示す

- 先生は，子どもの前で四つん這いの姿勢をします。そして，「クマさんになってお散歩しましょう」と声をかけます。子どもの注目を促し，これから遊ぶことへの期待感を持たせます。

- 「のっし，のっし」などと擬態語でことばを添えながら，クマのように動きます。
- 動いている時に「足や手は床と仲良しかな？」と声をかけ，手や足をしっかり床に付けるよう意識させていきます。

❷ 親子でクマになって遊ぶ

- 先生のモデルをみて遊び方がわかったら，今度は親子で遊びます。親子で四つん這いになり，クマになって動き回りましょう。

❸ クマの遊びを広げる

- 親子で一通り楽しんだところで，先生が声かけします。
- 親子に向かって，「クマさんご飯を食べにきて」「お水を飲もう」「お休みしよう」などと声をかけて，クマさんになりきった遊びを広げていきます。

くまさん、
ごはん食べにきて

楽しくあそぶポイント

- 運動あそびの要素が入っていると，正しい動きや姿勢にこだわってしまうかもしれませんが，あくまでも「楽しくあそぶ」が前提です。子どもが少しでも取り組もうとしたら，大いにほめて，やる気を育てていくことが大切です。
- 子どもが楽しくなるために，好きな音楽をかけたり，馴染みやすいストーリー仕立てにすると「ごっこ遊び」が大好きな子どもたちはより一層楽しく遊ぶことができます。
- 子どもの中には「ご飯を食べる」など特定の場面だけを楽しみたい子もいます。そのような子には好きな場面を繰り返し楽しませます。
- なかなか取り組めない子どもの場合，親と一緒に部分的にできたなら，それで十分です。

あそびのアレンジ

- 遊びの途中でなりきる動物を変えていきましょう。
- 「鳴き声」を出すように伝えると，楽しい雰囲気で遊ぶことができます。
- 遊びの前に「動物の絵本」を読み聞かせたり，動物の写真などを子どもに見せて，イメージを膨らませるとよいでしょう。

あそぶと何が発達するの？

➤ 手や足の動きを意識して体を動かすことを楽しみます。ストーリー仕立てにすることで，イメージする力やそれを表現する力を育みます。

➤ 身近な大人や友だちと一緒に体験することでコミュニケーションをする心地よさを感じることができます。

VII-57 まてまてタッチ

『人と少し関われる子ども』や『人とやりとりできる子ども』におすすめ

❖ 先生の周りに親子で手をつないで集まります。
❖ 先生が追いかける役で，親子は追いかけられる役です。

❶ 親子で手をつないで歩き，先生が追いかける

● 親子で手をつないで，部屋の中を自由に歩きまわります。
● 先生が「♪まて，まて〜」と好きな曲を歌いながらゆっくり（ぶらぶらと歩く速さで）親子を追いかけます。はじめから走って追いかけると怖いと感じる子どももいるので，最初はゆっくり歩きます。

ゆっくり歩く

まてまてー

❷ 先生が親子をつかまえる

- 追いついた親子には「つかまえた〜」と楽しい雰囲気で声をかけながら，そっとつかまえます。

❸ タッチをする

- 先生は，つかまえた親子と向かい合い，手を広げて「タッチ！」と言いながらタッチをします。

❹ 遊びを続ける

- 一組の親子がつかまったら，また遊びを続けます。
- 親子で手をつないで歩きまわり，先生は次の親子をつかまえます。

- 「タッチ」ができたら，笑顔で「タッチだね！」「やったー」などと肯定的な言葉をかけて，人と触れ合うことは楽しいということを言葉や態度で伝えていきます。また，タッチすることを楽しみながら，人とコミュニケーションをとる楽しさを伝えていきます。
- 追いかけるスピードは，子どもの様子に合わせて変えていきます。
- 体に触れられることを嫌がる子どもやつかまえられることに抵抗をもつ子どもには，親が子どもの前で両手を広げ，その両手に子どもが自らタッチするようにするとよいでしょう。

あそびのアレンジ

- 役割交代をして「まてまて」を楽しんでもよいでしょう。親子が追いかける役，先生が追いかけられる役です。
- あるいは，親子が他の親子を追いかけるのも楽しいです。「○○ちゃん捕まえよう」などと友だちを意識させていきます。
- 「タッチ」に慣れてきたら，低い位置や，子どもが届くギリギリの高い位置や斜めの位置などいろいろな場所でのタッチを楽しめるようにしていきましょう。相手に合わせることを楽しみながら身につけることができます。

あそぶと何が発達するの？

➢　人とコミュニケーションする方法は様々ありますが，子どもが
　　安心できる方法は何かな？という視点で考えてきます。

➢　コミュニケーションを取るうえで大切なことは，信頼関係です。
　　子どもが「この大人となら…」と思えるような関係，リラック
　　スできる関係を構築していきます。

➢　「合わせてもらう」から「自分から合わせる」ことができるよう
　　にします。この経験が，周りの人と積極的にコミュニケーショ
　　ンを取っていくことにつながります。

VII-58 タオル列車

『人と少し関われる子ども』や『人とやりとりできる子ども』におすすめ

- ❖ 先生の周りに複数の親子が集まります。
- ❖ 最初に先生が手本を示し，その後親子でタオル列車の遊びをします。
- ❖ 慣れてきたら，複数の親子で一緒にタオル列車で遊びます。

❶ 先生が手本を示す

- 大きなタオルを用意し，その上に子どもを座らせます。座位が安定しない場合は寝転ばせてからタオルで包みこむようにします。
- 大人がタオルやシーツの片方を握り，子どもにはタオルやシーツの両端を握らせます。

- はじめは，視線を合わせながら，ゆっくり動かしますが，慣れてきたら，徐々に速く引っ張ります。

❷ 親子のタオル列車の出発

- 親子でタオルの動かし方に慣れてきたら，子どもが乗ったタオルを列車に見立てて，少し長い距離を移動してみます。
- 三角コーンのゴールを目指してタオル列車の出発です。出発するときに「三角コーンまでね」と具体的に終点を示します。
- 動いている時に，数を数えたり，歌を歌ったりすると，子どもは落ち着いて楽しめます。

❸ タオル列車の到着

- ゴールに到着したときには，子どもと視線を合わせて「おしまい！楽しかったね」と声をかけ，活動の終わりを伝えます。

楽しくあそぶポイント

- 子どもの様子を見ながらスピードを変えていきましょう。また，途中で動きを止めて子どもの「あれっ？」という気持ちを引き出します。「もっと」などの要求の言葉を引き出すきっかけになります。
- グループで遊ぶときには「〇〇ちゃん列車出発！」「△△ちゃん列車出発！」など声をかけてみんなで一緒に遊んでいることを意識させます。
- 子どもが自分の体がどうなっていくのか，これから何が起こるのかを想像・予測できるように，親が声をかけていきましょう。親からの言葉が安心につながり，遊びを楽しめることにつながります。

あそびのアレンジ

- シーツを引っ張るときには，「動くよ〜」「シュー」などと擬音語・擬態語で動きを知らせます。そうすることで見通しがもて不安が和らぎます。
- タオルやシーツの動きに合せて，「クルクル」「ブラーン，ブラーン」といった擬態語を使って，子どもに声かけをしていきます。擬態語の音の楽しさと動きが一致していき，音声模倣につながります。

● 慣れてきたら，友だちと一緒にやってみます。そのときに，誰と一緒なのかが意識できるように友だちの名前を呼んで注目させていきます。

あそぶと何が発達するの？

➤ これは自分一人ではできない遊びです。そのため大人に関わってもらえると楽しく遊べることが体験できます。このような遊びを通して大人との関わりができると，子どもは大人に対して要求することができるようになります。

➤ 遊びの中で，大人は擬態語で表現する，感情を表す言葉を代弁する，言語モデルを短い言葉でいうなど場面に合った働きかけをしていきます。これらの働きかけを積み重ねることによって，子どもは言葉を学んでいきます。

VII-59　おさるのかごや

『人と少し関われる子ども』や『人とやりとりできる子ども』におすすめ

- ❖ 先生と親が棒を持ち，子どもが棒にぶら下がります。一組の親子が終わったら，次の親子に交代します。
- ❖ 親子単位で交代して遊びますが，他の子どもがしているのを見て，自分もやってみようという気持ちがわいてきます。

❶ 子どもが棒につかまる

- 先生と親が棒の両端をしっかりと持って，棒の3分の1くらいの場所を子どもに握らせます。
- 「今から○○ちゃんを運ぶからね」「しっかりつかまるよ」と，次に何をするかがわかるように声をかけていきます。

❷　子どもが棒にぶら下がる

- 子どもがぶら下がったら落ちないように，親が子どもの手の上からしっかり支え，先生が子どもの身体の部分を支えます。
- 「動きます～」と声をかけながら移動します。その際，子どもの顔を見ながらゆっくりと動きます。

子どもの手を上から
しっかり支えます

動きまーす

❸　いろいろなやり方でぶら下がる

- 子どもが棒にぶら下がれるようになったら，少しずつぶら下がる時間を長くしたり，少しずつ移動の距離を長くしたりします。その際に，子どもの好きな歌を歌ったり，数を数えながら遊ぶと「どれくらいぶら下がるか」の見通しがもてます。
- 両手両足を使って棒にぶら下がるなど，いろいろなぶら下がり方をして楽しみます。

おさるさんみたい

1、2、3・・・

❹ 他の親子と交代する

- 一組の親子が終わったら，次の親子に交代します。
- 待っている親子は，「がんばれー」「じょうず」などと応援します。

楽しくあそぶポイント

- 慣れてきたら，棒を前後，上下，左右に揺らして変化を楽しんだり，三角コーンを置いて，そこまで移動したりします。
  怖がるようなら動かすことはしないで，その場でぶら下がるだけにして「ぶらぶらできたね！」と声をかけて終わりにします。
- 他の子どもが遊んでいる様子を見せながら，どう遊ぶのかを見通しを持たせると安心できるでしょう。
- 子どもに自分の身体を支える力がなく棒から手を離してしまうこともあるので，子どもには「お手々はギュッギュッ」と声をかけ，しっかり握ることをわからせます。

あそびのアレンジ

- 棒が何本かあったら，複数の親子で並行して遊びます。そのときには，親同士で棒を持ちます。複数の親子が並行して遊びに取り組むときには，「〇〇ちゃんと一緒だね」と言葉をかけます。一緒にしていることを知らせることで，他者意識を育てることにつながります。
- お面などのなりきりグッズを用意すると雰囲気が楽しくなります。

あそぶと何が発達するの？

- ➤ ぶら下がって自分の身体を支えたり，ぶらぶらする体験を通して，ボディイメージがもてるようになります。
- ➤ 楽しみながら，自分の身体を支えたり，バランスを保つ運動機能が向上します。
- ➤ 大人から声をかけてもらったり，ボディタッチしてもらうことで，大人への信頼関係が育まれます。

VII-60 さくさくしっぽとり

『人と少し関われる子ども』や『人とやりとりできる子ども』におすすめ

- ✤ 先生が手本を示した後，親がしっぽをつけて子どもにとらせますが，子どもは自分の親のしっぽでも他の親のしっぽでもどちらを取っても構いません。
- ✤ 複数の親子が一緒の場でしっぽを取り合って遊びます。

＊「Ⅲ-22 ロープで遊ぼう4」の発展バージョンです。

❶ 先生が手本を示す

しっぽにするスズランテープ（40cm くらい）あるいはシフォンスカーフを数本用意します。

- ●テープを「しっぽ」としてつける前に，先生は子どもの前でテープを振って見せ，子どもにテープに興味をもたせます。

- 次に，何本かのテープを腰につけて「しっぽをとってごらん」と声かけます。

❷ 親がしっぽをつける

- 親はテープを腰にはさんで「しっぽ」にします。そして，「〇〇ちゃんおいで，しっぽがとれるかな」と声をかけながら，子どもがすぐに「しっぽ」が取れるようにゆっくり走ります。
- 何回か繰り返し，子どもがルールを理解したら，走るスピードを変えて，なかなか取れない場面や，すぐに取れる場面などを作って楽しませます。

楽しくあそぶポイント

● はじめは子どもが取りやすいように，目の前でしっぽを示します。また，追いかけてくる子どもが「もう少しで手が届きそう」という気持ちになるように，親が走る速さを調節します。それでも取れないときは，子どもが取れるように親がサポートします。

● 子どもが取れたときには「とれたね！」と顔を合わせて一緒に喜びます。

● しっぽを長め（40㎝が適当）にするなど，子どもが注目しやすくかつ取りやすくなる工夫をします。

● 子どもが「しっぽ」だけに注目して，周りの子どもにぶつかってけがをしないように，周囲の環境を整備しておきます。

あそびのアレンジ

● ルールが理解できたら，役割交代をして楽しみます。子どもがしっぽをつけ，親が追いかけてしっぽを取りにいきます。

● ただし，子どもが「しっぽ」を付けることを嫌がったら無理強いせずに，「しっぽ」を手に持って走ることでも構いません。また，鬼がわかるように，帽子をかぶる工夫をするといいです。

● 取れたしっぽの数や長さを比べてみましょう。また，しっぽの色を工夫すると「〇色が何本とれた」といったやりとりに発展させることもできます。

あそぶと何が発達するの？

➢ 走る，追いかける，相手に合わせるなど全身を使った運動を楽しみながら人と一緒に遊ぶ楽しさを体験します。

➢ 「追いかける」「追いかけられる」などの相手と自分の役割関係を理解し，役割を交代して楽しむ気持ちを育てます。

だるまさん 陣地取りゲーム

『人と少し関われる子ども』や『人とやりとりできる子ども』におすすめ

♣ 複数の親子で一緒に遊びます。先生は鬼役です。

❶ 遊びの準備

- 親子で手をつないで陣地の中に入ります。
- 先生と一緒に鬼になる子どもを一人決めます

陣地

○○ちゃんと先生がおにだよ

おに

❷ 『だるまさん　ころんだ』をする

- 鬼役の先生と子どもが, みんなに背中を向けて「だ・る・ま・さ・ん・が・こ・ろ・ん・だ」と, 言います。その間に他の親子は鬼役に近づきます。
- 鬼役の先生と子どもが, 最後の「だ」で振り返ると同時に, 他の親子は陣地の中に戻って鬼につかまらないようにします。

❸ 鬼につかまる

● 鬼役が振り返ったときに，陣地に入っていない子どもは「〇〇ちゃん！」と呼ばれ，鬼につかまってしまいます。そして，次から鬼になります。

● 続けてやっていると鬼役が増えていきます。全員がつかまってしまったら鬼の勝ちです。

楽しくあそぶポイント

● グループ遊びの中でも，ちょっと難しい遊びです。一緒に遊ぶ親が「だ・る・ま・さ・ん・が・こ・ろ・ん・だ」と一緒に言いながら，わくわく感を伝えていくようにしましょう。

● 「だ」のときには，早く陣地に戻ろうという気持ちをもたせるためにもややオーバーアクションの声かけをして楽しませていくことも大事です。

● 親は子どもと一緒に動きながらルールを伝えていきましょう。

● 陣地内に入っていれば動いてもいいので，じっとしていることが苦手な子どもでも大丈夫です。

あそびのアレンジ

- 「だるまさんがころんだ」を速く言ったり，ゆっくり言ったりします。また，鬼が振り向く速度にバリエーションを付けることで，子どもが鬼の振り向くペースに合わせて注意を向けられるようにします。
- 陣地の大きさを小さくしたり，大きくしたり，また陣地の形を様々にするなど，陣地の形状についても工夫すると，陣地の存在を意識できるようになります。

あそぶと何が発達するの？

➢ 鬼につかまらないように「陣地に入る」という動作を繰り返すことで，タイミングよく身体を動かす能力が育まれます。

➢ 鬼が数える（話す）タイミングで場所を移動する，逃げるなどを楽しみながら経験することによって，周囲の状況にあわせて行動を変えられるようになります。

➢ この遊びは，鬼がいつ振り向くかをしっかりと見ている必要があります。この繰り返しが相手の動きに注目する意識を育てていきます。

Ⅷ　イメージや会話を楽しむ遊び

- ●『人とやりとりができる段階の子ども』や『言葉が少し話せる段階の子ども』を対象にした遊びです。
- ●複数の親子で集まって，親子単位で同じ遊びをします。
- ●言葉が少し話せるようになっても，会話がスムーズにできるわけではありません。また，少し難しい遊びやゲームを理解できないこともあります。親がサポートしながら遊びましょう。
- ●この時期は，友だちに興味をもつ頃でもあります。その場に一緒にいる他の子どもが少し難しい遊びやゲームに挑戦しているのを見ると，それに触発されて「やってみよう」「やりたい」という気持ちが起こるかもしれません。これがみんなで一緒に遊ぶ効果です。
- ●親子単位で遊ぶといっても，この段階になると一歩さがって，子どもの主体性を尊重していくことも大切です。

VIII-62 引っぱりっこゲーム

『人とやりとりできる子ども』や「言葉が少し話せる子ども」におすすめ

- ✤ 先生の周りに親子で集まります。はじめに先生が手本を示します。
- ✤ 親子は向かい合って座り，親子でゲームをします。
- ✤ 親子で遊びますが，他の親子と一緒の場で同じ遊びをすることで，他の親子の歓声や行動を間近に感じ，一層盛り上がります。

❶ 先生が手本を示す

- 先生があらかじめ用意した紙を親子に2枚ずつ渡します。
- 先生は，親子の前で，細長く切った紙を交互に組み合わせるところを実演します。
- 先生の手本を見た後，親子で紙を組み合わせます。親は「ばってんするよ」などと子どもに声をかけながらします。

紙をばってん
するよーみてて

こんな感じ

❷ 親子で紙を引っ張り合う

- 親と子がそれぞれの紙の端を持ち，親子で引っ張り合います。
- 子どもが紙の両端をしっかりと握っていることを確認してから，子どもの顔を見ながら「いちにのさん！」と声をかけて握った紙を手前に引きます。
- どちらかが切れたらゲームは終了です。

❷ 何回か繰り返す

楽しくあそぶポイント

- かけ声のタイミングを少しずらしたり，声の大きさを変えるなどして「やりとり」を楽しみます。
- 勝敗は，子どもに伝わりやすいように，ややオーバーアクションで「切れちゃった！」などと伝えるようにします。しかし，勝敗よりも楽しくやりとりすることが一番の目的なので，紙が切れること自体を楽しむのもよいでしょう。
- 紙に少し切れ目を入れておくと，子どもの引っぱる力でも切ることができます。

あそびのアレンジ

- 最初は，親子で行いますが，引っ張るタイミングがわかってきたら，子ども同士でやってみましょう。
- 個人のトーナメント戦やグループでのトーナメント戦にするのも楽しいです。勝敗の理解につながります。
- 「太い/細い」「長い/短い」などの紙を用意し，「〇〇ちゃんの紙は長いね」などと言葉をかけ概念の理解につなげていきます。
- 野外で遊ぶときには，野の草を使うとよいでしょう。

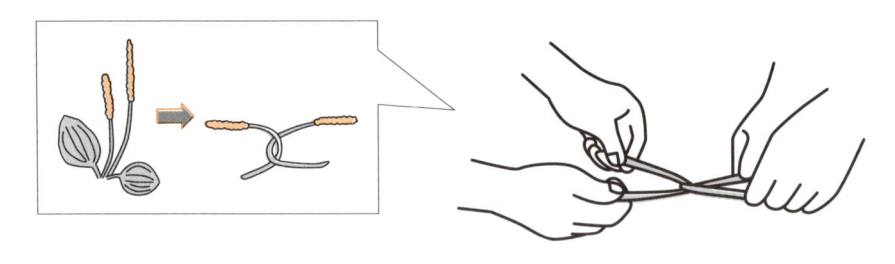

あそぶと何が発達するの？

➤　勝敗やルールがわかるようになります。

➤　相手とのタイミングに合わせる経験を積み重ねることにより，人の気持ちを考えることも少しずつできていきます。

➤　概念理解（長い，短い，太い，細いなど）や思考力を育てることにつなげていきます。

VIII-63　パズルに挑戦！

『人とやりとりできる子ども』や「言葉が少し話せる子ども」におすすめ

❖　複数の親子で集まり，1つの机に1組の親子が座るようにします。
❖　親子でパズルを作ります。周りの親子が同じ課題に取り組んでいる
　　雰囲気の中で，自分もやってみようという気持ちがでてきます。

❶ 好きな絵（写真）を選ぶ

●子どもの好きな絵（あるいは写真）を用意します。

●子どもに「どれがいいかなぁ」と楽しい雰囲気で声をかけ，並べた中から
　好きな絵（あるいは写真）を選んでもらいます。

子どもの好きな絵や写真

これ！

192

❷　絵をハサミで切る

- 子どもが選んだ絵（写真）をハサミで切ります。
- ハサミが使える子どもの場合は，「どうぞ」と言ってハサミを渡します。
- 子どもがハサミを使えない場合は，親が切ります。その際，「切るよ！見てて！」と言って，切っているところを子どもに注目させます。

❸　ピースを組み合わせる

- 「バラバラになっちゃったね」と言い，「もと通りにできるかな？」と子どもに問いかけます。切った紙片を合わせて絵を完成させるように働きかけます。

楽しくあそぶポイント

- はじめは２ピースくらいから始めて徐々に増やしていくようにします。（最初は直線で切ったほうが合わせやすいです）
- 子どもがよく知っている絵やキャラクターを選ぶと意欲的に取り組めます。慣れてきたら「好きな絵を描いてみよう」と誘って，オリジナルのパズルを作っていきましょう。
- 切ったピースを組み合わせるときには，ややオーバーアクションで「なーにが　できるかな？」「これとこれをくっつけてみよう！」などと声をかけて子どもの興味を引いていきます。
- あらかじめ完成した図を写真に撮り，隣において見比べて完成させる，元の絵や写真の上に重ねて載せるようにすると，見通しをもって取り組むことができます。
- グループで取り組む時には「○○ちゃんは△△作っているね」などと友だちを意識させる声かけをしていきましょう。
- 手先の動きが未熟な子どもには，厚い紙に絵（写真）を貼ってパズルを作ると，ピースを組み合わせるときに扱いやすいです。

あそびのアレンジ

- パズルができあがったら「何ができた？」と子どもに問いかけます。親は，子どもが答えるように促していきます。
- 大きさや切り方を変えていくと，違った楽しみ方ができます。
- グループで大きなパズルに取り組むことで「一緒にできた」という気持ちを共有することができます。

あそぶと何が発達するの？

➤ 部分から全体をイメージする力を養います。組み合わせや，分解して遊ぶことで「なんだろう」と考える姿勢を育てます。

➤ 具体的な見本があることで「できた！」という達成感を感じることができます。

➤ 組み合わせることで，細部まで見比べる力が育ちます。

VIII-64　何を食べているかな？

『人とやりとりできる子ども』や「言葉が少し話せる子ども」におすすめ

✤　先生の周りに親子で集まります。
✤　先生が子どもに質問し，子どもが答えます。正解したら，親子で食べる真似をします。

❶　先生が食べ物の絵カードを見せる

●子どもに食べ物が描かれたカードを見せます。

●「ここにアイスクリーム，みかん，ブドウ，イチゴがあるよ。何を食べているかわかるかな」と子どもに問いかけます。

●「♪ムシャ，ムシャ，ムシャ，ムシャ，なぁに食べてるかな？」と歌いながら声をかけます（メロディは任意）。

カード

ここにある食べ物を食べるね

❷ 先生が食べるまねをする

- 歌い終わったら，何かを食べる真似を繰り返し見せます。
- 子どもに笑顔で「何食べてるかなぁ？」と聞きます。
- 子どもが正解したら「正解！」と言い，絵カードを見せます。

❸ 親子で一緒に食べるまねをする

- 絵カードを見せながら「みんなで食べてみよう」と子どもを誘います。
- 親も子どもと一緒に食べる真似をします。

- 先生も親も食べる真似をするときには，ゆっくりとオーバーアクションを心掛けましょう。例）ソフトクリームを食べる真似では，溶けてきたことを想定していろいろな角度からなめてみるなどです。
- 食べる真似は1回だけでなく，繰り返します。ポイントは楽しそうに目の前で真似をすることです。
- 子どもがいつも食べている物や好きな食べ物，少し前に食べた物を選ぶとわかりやすいです。

あそびのアレンジ

- 慣れてきたら，役割交代をして子どもに問題を出してもらいます。ただし，子どもが一人で考えるのは難しいので，親がサポートして真似の動きを一緒に考えてから出題します。
- 親子だけでやるのではなく，他の親子も加わって一緒にやってみましょう。そのときには「〇〇ちゃんが好きなものかな？」と友だちを意識できるように，名前を呼ぶようにします。

あそぶと何が発達するの？

➢ 想像力・思考力を育みます。

➢ この遊びを通して，どのように表現したら相手にわかってもらえるかを考えることができます。そのことは，他者の気持ちを考えるきっかけになります。

➢ 大人にとっても言葉だけではなくジェスチャーなどの表現もコミュニケーションには有効であることを再認識できます。

➢ 一緒に真似することで，行動を共有する楽しさを体験できます。

VIII-65 これなーんだ？

- ♣ 先生の周りに親子で集まります。
- ♣ 先生が子どもに質問し，子どもが答えます。親は子どもの横にいて，子どもがわからないときにサポートします。

❶ 絵カードを見せる

- 先生が子どもの前に立って「♪これは，なあにかな？（好きなメロディでよい）」と歌いながら，絵（あるいは写真）カードをホワイトボードに貼ります。

❷ 子どもに自由に答えてもらう

- 「これはなに？」と子どもの一人ひとりの顔を見ながら笑顔で声をかけます。
- 子どもに自由に発言させ，子どもが言った言葉を先生がホワイトボードに書いて，視覚的に確認できるようにします。
- 子どもが正解したら，「正解！」と言って，「よくわかったね」とほめます。

❸ 同じカテゴリーの絵カードを示す

- 最初の絵カードの名前が言えたら，次に，その絵カードと同じカテゴリーのカードを貼って，同じように「これはなに？」と聞いて，答えさせます。
- 同じやり方で，3枚程度貼り終えたら，「くだもの，たくさんあったね！」と言い，それらのカードを指さしながら，順番に名前を言います。

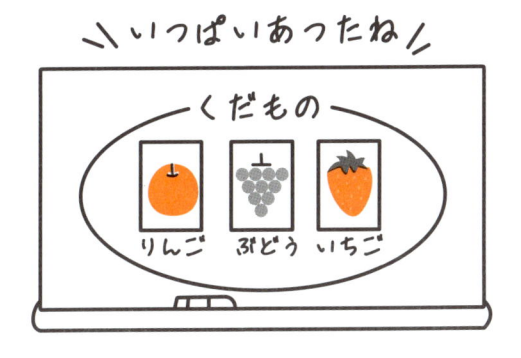

楽しくあそぶポイント

- 言葉が話せる子どもには，「運動会」の絵（写真）を見せて「運動会といえば…」とゲーム感覚で出題するといいでしょう。
  - ＊出題の例：くだもの・野菜・動物などのカテゴリー，クリスマス・誕生日・お正月などの行事に関連すること
- 楽しみながらすることが大切なので，無理に言葉で言わせることはしません。
- 語尾や語頭で答えた場合には，親の方で正しい言葉で伝えます。

あそびのアレンジ

- 言葉だけで想起ができるようになったら，絵（写真）カードを使わないで言葉で説明するクイズを出題してみましょう。
- 子どもが出題者になるなど，役割交代をして楽しみましょう。
- 競争の概念がわかるようになったら，答えたらポイントシールが獲得できるようにし，ポイントシールの数を競うようにしてもよいでしょう。

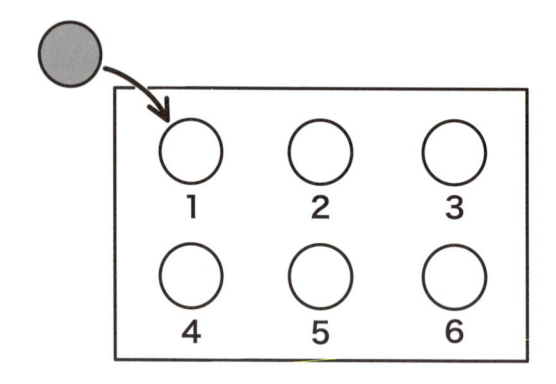

あそぶと何が発達するの？

➤　楽しみながら語彙数を増やしたり概念理解につなげていきます。

➤　グループで友だちと遊んでいるときに，友だちが話すのを聞いて，自分の知識を広げていきます。

➤　ゲーム感覚で楽しくやりとりを行うことによって，傾聴の姿勢や他者に興味をもつようになります。

【監修・編著】

尾崎康子（おざき・やすこ，相模女子大学名誉教授）

【執筆者紹介】

尾崎康子（前掲）

　　執筆担当　1〜5頁，各章項の扉の説明

東都ガーボル（とーと・がーぼる，相模女子大学教授）

　　執筆担当　第1章V-38〜45

藤川志つ子（ふじかわ・しつこ，敬愛短期大学准教授）

　　執筆担当　第1章IV-35〜37，第2章

和田美奈子（わだ・みなこ，認定こども園相模女子大学幼稚部保育教諭兼公認心理師）

　　執筆担当　第1章I-1〜IV-34

【本文，カバーイラスト】

辻　順子（つじ・じゅんこ）

発達が気になる子どもの 親子ふれあい遊び

2024年9月20日　初版第1刷発行　　　　　　　　〈検印省略〉

定価はカバーに
表示しています

監修・編著者　　尾　崎　康　子
発　行　者　　杉　田　啓　三
印　刷　者　　坂　本　喜　杏

発行所　　株式
会社　ミネルヴァ書房

607-8494　京都市山科区日ノ岡堤谷町1
電話代表 (075) 581-5191
振替口座 01020-0-8076

© 尾崎康子ほか, 2024　　冨山房インターナショナル・吉田三誠堂製本

ISBN 978-4-623-09692-3
Printed in Japan

社会的コミュニケーション発達が気になる子の育て方がわかる
ふれあいペアレントプログラム
――尾崎康子 著

B 5 判　240頁　本体2600円

発達がゆっくりした子どもや発達が気になる子どもの親は，子どもの発達をとらえる基準がわからず，不安や困難を感じるままになっていることがあります。本書では，発達が気になる子どもの社会的コミュニケーション発達や感覚運動発達を促す子育て方法を学ぶことができます。子どもの発達を学び，子どもの発達にあったかかわり方，育て方を解説しています。背景となる理論を豊富なイラストを交えてわかりやすく説明，家庭の支援，ペアレント・トレーニングなど，親自身をサポートするための情報が満載です。

このまま使える
不安症状のある自閉症児のための
認知行動療法（CBT）マニュアル
――神尾陽子 編著

B 5 判　264頁　本体4200円

自閉症の（疑いのある）児童・生徒の不安感をなくす／軽減させるためのセッションをわかりやすく解説・紹介します。子どもたちがかんたんに記入し振り返ることで，自分の「気持ち」「からだの反応」「思考」を理解し，不安なときにどのように考え行動すればいいのか，またリラックスするする方法を知り，友だちの話しを聞く，そして相手がいやがらない自己主張ができるようになります。

困っている子の育ちを支えるヒント
――発達の多様性を知ることでみえてくる世界
――井潤知美 著

B 5 判　180頁　本体2200円

「困った子」といわれる子どもの大半は「困っている子」ともいえます。本書は，子どもにとって一番身近な存在であり，また「困っている」大人でもある親に対して，発達はそもそもどんな子どもであっても多様であることを優しく解説。そのなかで発達障害に凸凹のある子どもを理解し，支援する方法を，ペアレント・トレーニングを使って具体的に紹介。保護者と子が困り感を一人で抱え込まないためのスキルを紹介しています。

――― ミネルヴァ書房 ―――

https://www.minervashobo.co.jp/